JN103587

善のはかなさ

La fragilité du bien
Le sauvetage des juifs bulgares
Tzvetan Todorov
(Textes commentés par)

ブルガリアにおけるユダヤ人救出

ツヴェタン・トドロフ編
(テキスト収集及びコメント)
小野潮訳

新評論

▲ディミタール・ペシェフ
Dimitar Pèchev 1894-1973
国会多数派の代議士、国会副議長。ブルガリアにおけるユダヤ人救出の立役者。

▲ボリス三世
Boris Ⅲ 1894-1943
ブルガリア国王として親ヒトラー政策を推進。

▼ステファヌ主教
Stéphane 1878-1957
ブルガリア正教会ソフィア主教。ユダヤ人救出に向け国王、政府に強く働きかける。

▼ボグダン・フィロフ
Bogdan Filov 1883-1945
首相。ユダヤ人への抑圧政策、強制収容所送りを推進。
© CC BY-SA4.0

善のはかなさ／目次

凡例

一　本文中の省略記号（…）の大部分は原資料のものである。

一　本文中の小さく組んだ割注は、［　］及び（　）はトドロフによるもの、〔　〕は小野によるものである。

一　行間番号は原注および訳注を示し、各々の内容は左頁に収めて訳注には☆印を付した。

一　巻頭の口絵写真、年表、地図は日本語版用に訳者が付した。

一　主要人物索引は原著をベースにして日本語版用に項目を追加し、訳者が確認できた範囲で生没年、身分、肩書等を加えた。

年代	ブルガリア	世界
1943	3月11日マケドニアとセルビア（ピトロ）のユダヤ人たちの逮捕が完了	
	首相フィロフとスイス代理大使レダールの会談	
	3月15～17日ペシェフら国会多数派の代議士43名、フィロフに宛てて請願書に署名（送致は3月19日）	
	3月18，19日西トラキアのユダヤ人、貨車と船でポーランドへ移送	
	3月22，25，29日マケドニアのユダヤ人、貨車でポーランドへ移送	
	3月24日フィロフ主導により多数派内部での集会で政府（内閣）への信任決議，及びペシェフへの非難決議がおこなわれる	
	3月25日国会で、ペシェフへの解任決議案が提出される	
	3月30日国会で、ペシェフへの解任決議案が審議なしで可決される	
	4月1日ボリス三世、ヒトラーとドイツで会談	
	5月20日ボリス三世、ブルガリアのユダヤ人国外追放命令を、ソフィア外の国内の居住地指定（地方送致）の命令に変更	5月北アフリカの独軍壊滅
	5月21日閣議がソフィアのユダヤ人の地方送致を決定	
	5月24日ソフィアでユダヤ人一斉検挙、ユダヤ人地方送致への抗議デモ	
	6月ソフィアのユダヤ人の地方送致継続	
		7月連合国軍シチリア島に上陸
	8月28日ボリス三世死去	
	8月新王シメオン二世即位、フィロフは三人の摂政のひとりに就任	
		9月イタリア降伏
	10月ベレフ、ユダヤ人問題局長解任	
	地方送致になっていたユダヤ人にソフィアへの帰還許可	11月カイロ会談（ローズヴェルト、チャーチル、蔣介石）
		11月テヘラン会談（ローズヴェルト、チャーチル、スターリン）
1944		6月連合国ノルマンディー上陸作戦
	8月ブルガリアが中立宣言	8月ルーマニアで軍と鉄衛団政権崩壊 ルーマニアがドイツに宣戦布告
	9月5日ソ連がブルガリアに宣戦布告	
	9月9日祖国戦線によるクーデタ、ゲオルギエフ首相就任 ブルガリアがドイツに宣戦布告	
	9月人民裁判、フィロフは死刑判決、ペシェフは15年の禁固刑（1945年に釈放）	
1945	2月フィロフ処刑	4月ソ連とブルガリアがウィーン侵攻
		5月ドイツ降伏
		8月日本降伏
1946	11月ゲオルギ・ディミトロフ首相就任、共産党による権力完全掌握	
1947	ニコラ・ペトコフを始めとする非共産主義者を裁く裁判	
1954	ジフコフ、権力を掌握	
1989	ジフコフ、失脚	

本書関連年表

年代	ブルガリア	世界
1393	オスマントルコ領	
1877		露土戦争（～1878）
1878	大ブルガリア公国成立	
1909	ブルガリア王国成立	
1912	第一次バルカン戦争（～1913）	
1913	第二次バルカン戦争	
1914		第一次大戦（～1918）
1917		ロシア革命
1918	10月フェルディナント一世退位、ボリス三世即位	
1923	6月国王ボリス三世によるクーデタ	
1934	5月ボリス三世による再度のクーデタ、全政党解散	
1939		9月英仏、独に宣戦布告
1940	2月ボグダン・フィロフ首相就任	
		5月アウシュヴィッツ強制収容所、使用開始
		6月独軍、パリに入城
		8月独ソ不可侵条約
	9月7日南ドブルジャがブルガリア領になる	9月ルーマニアで軍と鉄衛団政権成立
	10月8日内務大臣ガブロフスキ、国民保護法案を記者会見で発表	
	11月6日国民保護法案、国会上程	
	11月20日国民保護法案、審議可決（12月24日再審議可決）	
	12月12日ブルガリアからパレスチナへの移民船サルバドール号沈没	
1941	1月21日国民保護法、公布	
	3月独伊日の枢軸国同盟に参加	
		6月独軍、ソ連領に侵攻開始
	12月ブルガリアが米英に宣戦布告、西トラキア、マケドニアを管理下に置く	12月日本軍、真珠湾攻撃 独伊が米に宣戦布告
1942	6月5日マケドニアと西トラキアのユダヤ人のブルガリア国籍を政令により剝奪	6月スターリングラードの戦い（～1943，2月）
	8月ユダヤ人問題局、創設	
		11月連合国軍、モロッコとアルジェリアに上陸
1943	1月21日独のユダヤ人問題担当官ダネッカー、ソフィアに着任	
	2月22日ダネッカーとブルガリアのユダヤ人問題局長ベレフがユダヤ人送致についての協定締結	
	3月3日「もともとのブルガリア領」でユダヤ人の逮捕が始まる	
	3月4日西トラキアのユダヤ人の逮捕が始まる	
	3月7日キュステンディルのユダヤ人の逮捕が始まる	
	3月8日キュステンディルの代表団がソフィアに向かう	
	3月9日キュステンディルの代表団が国会副議長ペシェフと面会し、午後国会訪問 ペシェフ他国会議員数名による代表団が内務大臣ガブロフスキと会見、その後同大臣はブルガリア国内のユダヤ人検挙を一時中断	
	3月10日ボリス三世、ブルガリア国内のユダヤ人国外追放措置を中断	

▼第二次大戦期のブルガリア勢力図

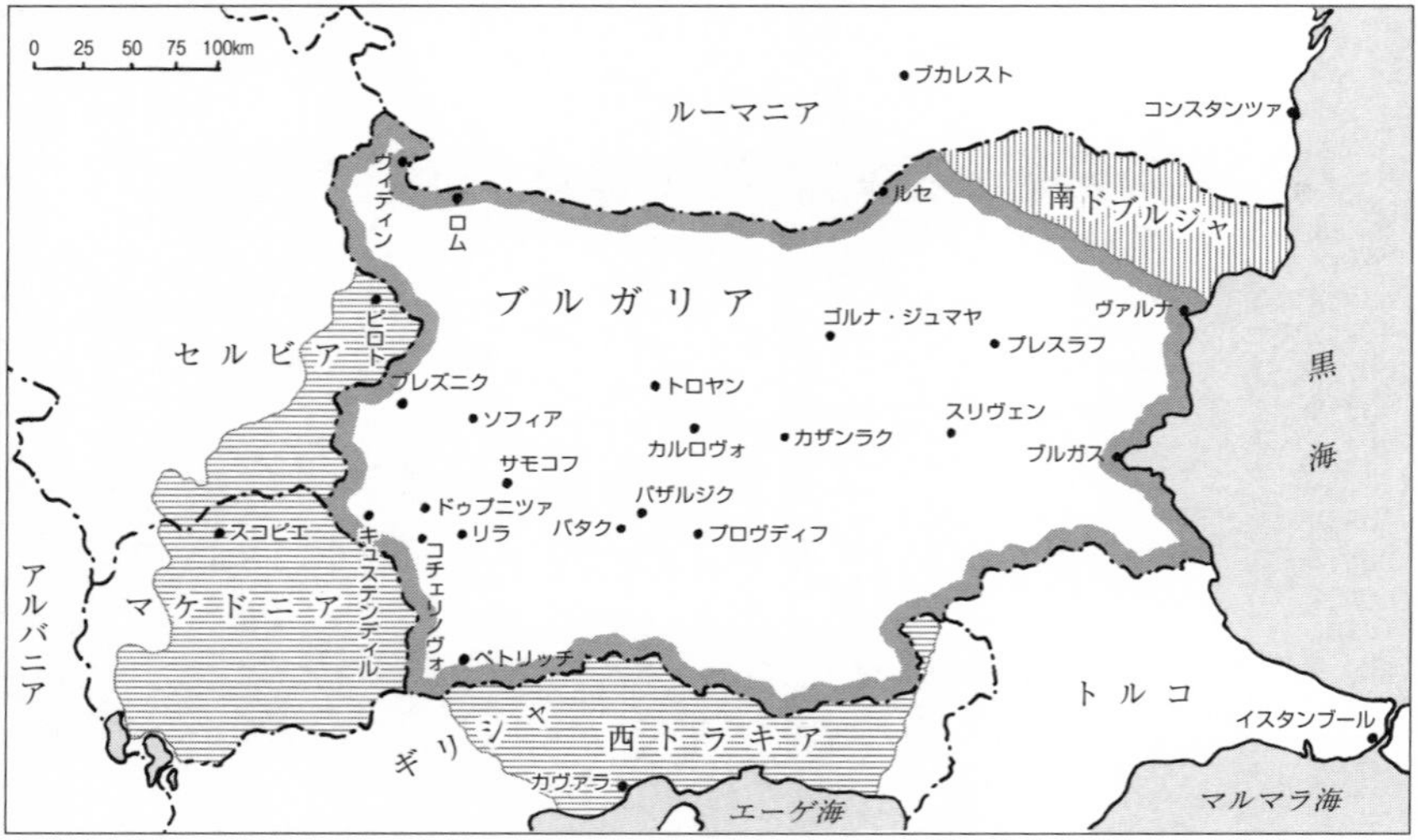

（注）-·-·- は現在の国境。▬▬ 内は第一次大戦後のブルガリア領。
▤ はブルガリア行政地域に組み込まれたマケドニアのヴァルダール地方、セルビアのポモラヴリェ地方、ギリシャの西トラキア地方。
▥ は1940年のクライオヴァ条約の結果ブルガリアに返還された南ドブルジャ地方。
（出典）訳者作成。

◀第二次大戦前のヨーロッパ

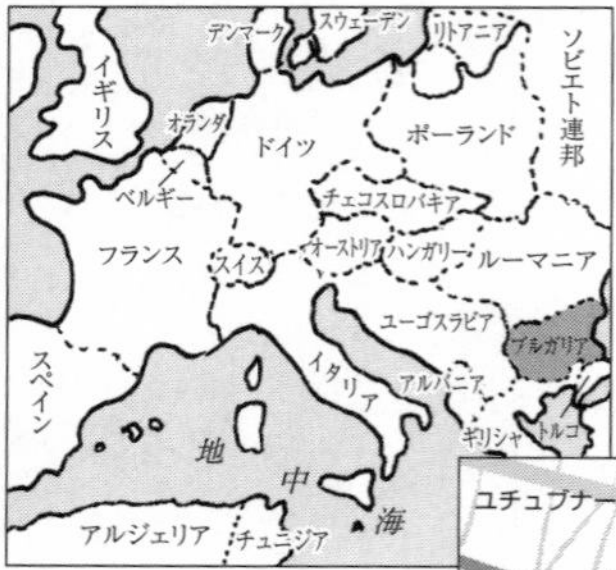

▼現在のソフィア市街概略図

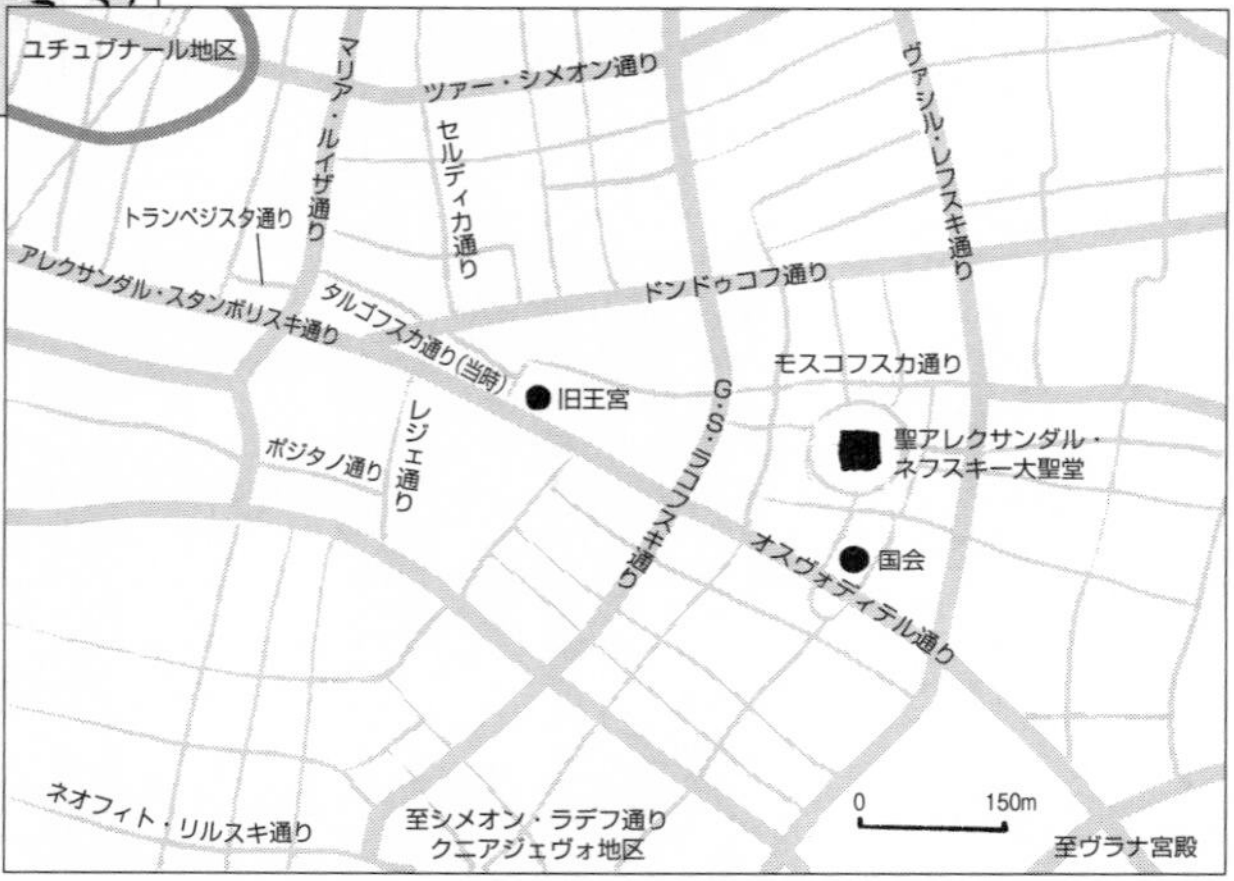

善のはかなさ

ブルガリアにおけるユダヤ人救出

ツヴェタン・トドロフ 編
（テキスト収集及びコメント）

マリー・ヴリナト／イレーヌ・クリステヴァ
（ブルガリア語からフランス語への翻訳）

われわれにディミタール・ペシェフの草稿の閲覧を可能にしてくれたブルガリア国立文書館と、1995年にダヴィド・コヘン編で刊行された『生き残り *Oceljavaneto*』の翻訳を許可してくれたシャロン出版社、そしてウラディミール・グラデフに謝意を表します。

LA FRAGILITÉ DU BIEN

Le sauvetage des juifs bulgares

by Dimitar PÉCHEV

Texts collected and commented by Tzvetan TODOROV

©Éditions Albin Michel-Paris 1999

一　善のはかなさ

ツヴェタン・トドロフ

われわれの世紀〔二十世紀〕は歴史上、大規模な暴力が、それ以前にはなかったほどの頂《いただき》に達した世紀として残るだろう。ヨーロッパのユダヤ人たちに対する迫害、彼らの根絶やしは、たしかに、われわれの世紀のもっとも悲劇的な挿話のひとつである。だが、それはまた、たしかにずっとまれではあるけれども、善が咲き誇る機会でもあった。たとえば、迫害された人々を助ける場合、死に脅かされる人々を救うといった場合である。こうした個人的行為が、間欠的に、ほとんど至るところで見られた。しかし、そのうえ、ふたつの国では、自分たちの歴史を誇りをもって思い起こすことができる。なぜなら、そのふたつの国はドイツの支配を受けていたのに、そこでユダヤ人への集団的保護をおこなっていたらしいからである。そのふたつの国とはデンマークとブルガリアである。ハンナ・アーレント〔一九〇六－七五、ドイツ出身の哲学者・思想家〕が『エルサレムのアイヒマン』〔一九六三〕でブルガリアについて書いているように、ソビエト軍が自国の国境に近づいているときにも、「ただひとりのユダヤ人も強制収容所送りになっていなかったし、自然死以外の原因で死んでもいなかった」。そして彼女は付け加えている。「私が知る限り、誰もブルガリアの人々の振る舞いを説明しようと試みたことはないが、その振る舞いは多民族からなる集団にあって、他に類を見ない。」

実際、善のこの奇跡のような達成をどのように説明できるだろう。これはこの国民が有する、道徳的に言って、また政治的に言って、例外的な資質によるのだろうか。だが、私は事情に通じた者として証言できるが、ブルガリア人は自分たちをあまり高く評価していない。彼らは自分たちが生きている土地を愛しているし、自分たちの生きてきた時間が残した思い出を愛している。もちろんだ。しかし、価値判断をするとなると、彼らは進んで、近国の民であろうが遠国の民であろうが、他国の民のほうが自分たちより優れていると主張する。愛国心が高揚したまれな瞬間を除いて、彼らには自分たちを英雄と見なす習慣がない。だから、彼ら自身、自分たちの過去のこの英雄的なページを見てある種の驚きを覚える。

本書は、この喜ぶべきできごとの説明の試みとして書かれた。戦争のこの数年のあいだに、ブルガリアで正確にはどのようなことが起きたのだろうか。ブルガリアに居住していたユダヤ人がひとり残らず救われたというのは本当だろうか。この救命を可能にした主要な立役者はどんな人々だったのか。彼らがそのように行動した動機はいかなるものだったのか。彼らはどのようにしてこの救命に取り組んだのか。われわれは本書に集められた資料、思い出を通して、これらの疑問に答えようとするだろう。だが、まず歴史の数ページを思い出してみよう。[1]

1 書誌については本書六四頁「書誌説明」を参照されたい。本書全体を通じてブルガリア語は国際的標記システムに依拠してキリル文字からアルファベットに移されている。固有名詞はフランス語の綴りと発音の対応規則に従って、フランス人がブルガリア人の現地発音に近い形で発音できるように綴りを変えられている。

I　できごとの経過

ブルガリアに居住するユダヤ人への迫害、彼らへの保護の歴史は一九七二年にフレデリック・チャリー〔一九三九－、アメリカの歴史家〕が『ブルガリアのユダヤ人と最終解決――一九四〇－一九四四』（*The Bulgarian Jews and the Final Solution, 1940-1944*, Pitsburgh, Univerity of Pitsburgh Press, 1972）を刊行して以来かなりよく知られている。それ以来発表されたさまざまな研究によって、細部についてはより詳細が知られるようになった。それゆえ以下ではこの件に関わる主要なできごとを思い出すだけで満足しておこう。

歴史的、また人口学的な三つの文脈をまず考慮に入れておかねばならない。

第一に、第二次バルカン戦争（一九一三）[2]の結果、そして第一次大戦（一九一四－一八）の結果として、ブルガリア人が部分的に居住していたいくつかの地方をブルガリアが失ったことである。南ドブルジャはルーマニア領となり、西トラキアはギリシャ領となり、マケドニアはセルビア領となっており、その後セルビアはユーゴスラビア〔一九二九成立〕に合併される。ブルガリアの世論はこれらの地方をブルガリアの管理下へ戻したいという期待を強く示していた。

第二は、ブルガリアの国内の政治状況に関わる。一九三四年五月一九日に起きた軍事クーデタは伝統的諸政党や議会の役割を弱め、さらには無に帰してしまった。執政権は国王ボリス三世〔一八九四-一九四三〕[3]によって任命され支配された政府の手に集中させられていた。しかし数は多くないとはいえ、国会内の政府反対派は存在した。一九三九年一二月の選挙の後、反対派は（総議員数一六〇人のうち）一九人の代議士で構成されていた。極右派が二人、共産主義者とそのシンパが九人、かつての諸民主主義会派の代表八人だった。この体制は権威主義的なものだったが、ファシズム体制と形容できるものではない。

最後に第三の文脈だが、一九三四年の調査によれば、ブルガリアに居住するユダヤ人は四万八四〇〇人であり、人口の〇・八パーセントだった。そのうち九七パーセントは都市に住み、そのまた半分以上は首都ソフィアに住んでいた。彼らの大半は工員、職人である。反ユダヤ主義の伝統はブルガリアにも

2☆　オスマントルコ（オスマン帝国）とバルカン同盟諸国（セルビア、モンテネグロ、ギリシャ、ブルガリア）とのあいだで一九一二-一三年に戦われた第一次バルカン戦争の戦後処理における自国の取り分に不満を抱いたブルガリアが元同盟国であるセルビア、ギリシャを一九一三年六月に攻撃したことによって勃発した戦争で、後にルーマニアも介入し、同年八月、戦争はブルガリアの敗北によって終結した。結果としてブルガリアは第一バルカン戦争で得た旧オスマントルコ領の一部（マケドニア、西トラキア、南ドブルジャ）をセルビア、ギリシャ、ルーマニアに割譲せざるをえなくなった。

3☆　一九三四年五月一九日のクーデタは政治団体ズヴェーノが引き起こしたもので、その指導者キモン・ゲオルギエフ（一八八二-一九六九。本書二九頁注16も参照）が首相となり、すべての政党を解党させ、イタリアファシスト体制に似た独裁体制の樹立を目指したが、翌三五年一月、国王ボリス三世はズヴェーノの指導者たちを権力から追い、自分を中心とする権威主義体制を成立させる。

存在するが、強いものではない。

第二次大戦〔一九三九－一九四五〕の初期から、ブルガリアはその全体的戦略方針を定める。ブルガリアは争いには加わらず、中立を守る（ブルガリアの兵士はひとりとして前線に赴くことはない）。もっとも、伝統的な同盟国であるドイツ寄りの姿勢は取り続ける。この態度はブルガリアの得になることが一九四〇年に判明する。独ソ条約[4]に従って、ソビエトがルーマニアの北部地方を占領すると、ブルガリアは一九四〇年九月七日に南ドブルジャ地方を受け取る（ブルガリアは第二次大戦の後もこの地方を領有し続けるだろう）。

ブルガリアの反ユダヤ政策の開始はこの時点に位置づけられる。国民保護法の導入である〔一九四一年一月公布〕。この法律が狙っていたのは、あらゆる反国家行為の抑止であるが、一連の条項がとくにユダヤ人について述べていた。この頃にはヨーロッパで人種法が盛んに制定されていた。一九三五年のドイツのニュルンベルク法[5]に続いて、またある日ボリス国王がその顧問のひとりに語ったように、ルーマニアの、そしてハンガリーの、そして「フランスさえもが採用した」（『生き残り *Oceljavaneto*』p.134〔本書六四頁「書誌説明」を参照。以下同〕）人種法[6]に続いて、ブルガリアでも何らかの制限や何らかの規定を設けるべき時節になっていた。ブルガリアでは、まず誰がユダヤ人と見なされるべきかという規定をおこなった後、この法律はユダヤ人が居住地を選ぶ権利、不動産を所有する権利、ある種の職業に就く権利に制限を加える。この法律の条文を準備したのは内務省に属する法律家で、ファシスト寄りの反ユダヤ主義的組織「戦闘者《ラトニク》」の構成員だった、後のユダヤ人問題局長アレクサンダル・ベレフである。

この法案が内務大臣ペタル・ガブロフスキ〔一八九八－一九四五〕によって一九四〇年一〇月に告知されると、

激しい反応が引き起こされた。多くの抗議が、職業団体、政治家、キリスト教教会組織（ブルガリア正教会）、ユダヤ教組織から国会へと送られた。しかし、この法案に満足の意を示した組織もないではなかった。とくに実業界の組織と、ファシズムに好感を寄せる小グループがそうだった。これらの反応の詳細については当時国会副議長であった代議士ディミタール・ペシェフ〔一八九四－一九七三〕の回想録〔本書一七九頁。ペシェフの履歴については本書四四頁を参照〕によってご覧いただきたい。法案は一九四〇年一一月から一二月に国会で審議され成立、一九四一年一月に公布される。

一九四一年三月、ブルガリアはドイツ・イタリア・日本の枢軸国側に加わる。そしてブルガリアの枢軸国側への加盟によって、ヒトラーはよりたやすくユーゴスラビアとギリシャを占領できるようになる。同じ年の一二月、日本軍による真珠湾攻撃の後に、ドイツとイタリアがアメリカに宣戦布告すると、ブ

4☆　ナチス支配下のドイツと、スターリンを指導者に戴くソビエト連邦が一九三九年八月に締結した不可侵条約。仇敵同士が手を結んだ条約で、これにより、ナチスドイツがイギリス、フランスを中心とするヨーロッパとより効果的に対峙することを許す条約として諸国に衝撃を与えた。

5☆　ドイツ・バイエルン州の都市ニュルンベルクでは一九三三年から三八年にかけてナチス党大会が開催され、三五年の大会ではユダヤ人から市民権を剝奪する法律（「ドイツ人の血と尊厳の保護のための法律」）が定められ、ニュルンベルク法と呼ばれた。

6☆　第二次大戦中、フランスの対独降伏によって成立したペタンを首班とするヴィシー政権は一九四〇年に「ユダヤ人規定に関する一九四〇年一〇月三日法」を定めたが、これはユダヤ人の社会的階級を低下させ市民権を剝奪することを目的とするもので、この法をヴィシー政権はナチスから強制されることなく自発的に制定した。

ルガリアもアメリカとイギリスに対し宣戦布告をおこなう。しかしその時点で、この布告はまったく象徴的なものでしかない。このとき、ブルガリアはギリシャの西トラキア地方とマケドニア〔のヴァルダール〕地方をその管理下に置くことになる。最初は両地方を一九四一年四月から軍事的に管理し、その後は行政的にも管理することになる。ブルガリア政府の公式見解によれば、これはそもそもずっと以前からのブルガリア領を回復したに過ぎない。ただし、より正確に言えば、この両地方はブルガリアに併合はされず、その保護領となるだけである。当面この両地方の最終的な帰属は戦争終了後に決められることとされる。しかし、占領された両地方へのブルガリア軍の駐留が、間接的にドイツ軍を助けることになる。両地方に居住するユダヤ人は、それ以前と同様に、他の民族と区別されて扱われる。一九四二年六月五日付のブルガリア政府の政令が、「一九四一年に解放された土地」における国籍の規定をおこなう。かつてのユーゴスラビア人、ギリシャ人は、もし彼らがことさらにそれに反する措置を要求するのでなければ、全員ブルガリア人となる。しかしこの政令の第四条がさらなる明示をおこなっている。「この政令の規定はユダヤ出自の人々には適用されない。ユダヤ出自の女性は夫と同一の国籍を持つものとする」（『生き残り』p.181）。この例外規定が、西トラキアとマケドニアのユダヤ人にとって致命的なものになるだろう。

一九四一年、四二年には反ユダヤ人的な数々の措置がゆっくりと、しかし着実に取られ、これと並行してユダヤ人の生活条件はしだいに悪化する。ユダヤ人共同体は何度かにわたって、パレスチナへの出発を組織しようと試みるが、その結果は破局的なものである。「サルバドール（救世者）号」と呼ばれた最初の船は一九四〇年一二月一二日マルマラ海[7]で一八〇人の乗員を乗せたまま沈没する。続く、ルーマニアから四〇〇名を乗せて出発した「ストリュマ号」[8]という名の船も沈没する。どちらの船も古く、その状態はよくなかった。パレスチナへ向けて一定人数のユダヤ人を合法的に出発させるための交渉がさまざまおこなわれるが、いずれも失敗に終わる。そもそも、パレスチナ地方を保護領としているイギリス当局は多くの難民を受け入れるのに積極的ではない。数ヵ月後、ブルガリアに居住するユダヤ人たちからの要請について語りながら、イギリスの外務大臣アンソニー・イーデン〔一八九七－一九七七、イギリスの政治家、第二次大戦中外務大臣を務める〕は「用心して行動せねばならない」と述べている。彼が実際ローズヴェルト〔一八八二－一九四五、第三二代アメリカ合衆国大統領、第二次大戦の戦時指導を担う〕に言っていたのは、「もし私たちがそんなことをしたら、世界中のユダヤ人たちが、同様の措置をポーランドとドイツでも取るように私たちに要求するだろうし、ヒトラーは私たちの言葉を真に受けるふりをするだろう」（ボヤジエフ p.73〔本書六五頁「書誌説明」を参照。以下同〕）ということである。その間に、ブルガリア政府はユダヤ人に夜間外出禁止を命じ、彼らの自由を制限し、ときには彼らをその住居から追い立て、強制労働に従事させる。ブルガリア政府はまたダビデの星[9]を付けて歩くようにユダヤ人に強制する。し

7☆　トルコのヨーロッパ側とアジア側のあいだにある内海。北の黒海とはボスポラス海峡、南のエーゲ海とはダーダネルス海峡を通じて繋がっている。

8☆　「ストリュマ」はブルガリアの首都ソフィア南郊のヴィトシャ山地に源を発し、ブルガリア領内を流れた後にギリシャ領に入り、エーゲ海に注ぐ河川の名称である。

9☆　ふたつの正三角形を逆向きに重ね合わせた形で、ユダヤ教、ユダヤ民族を象徴する印として用いられる。ナチスドイツとその影響下にある諸国ではユダヤ人の家や服にこの表徴を付けることが強制されたが、当時は「ダビデの星」という呼び名は用いられず「黄色バッジ」「シオンの星」といった名称が用いられていた。

かし、現場の行政機関はそれらの命令を厳格に実施させることはない。国王も大臣たちもユダヤ人有力者たちと良好な関係を維持し続け、国外各地のブルガリア領事館は、ユダヤ人たちがビザを要求すれば、その発給を続けている。ベルリンのドイツ外務省でユダヤ人問題を担当する部局は苛立ち始める。

一九四二年秋に事態は急展開する。八月末に新たな政令によって追加の措置が発表される。そしてそれらの措置によりユダヤ人の公共生活の規則が定められ、新しくユダヤ人問題局が創設される。この新たな役所は内務省の管轄下に置かれ、その長にはやはりベレフが任命される。ソフィア駐在のドイツ大使アドルフ・ベッケルレ〔一九〇二－七六〕と警察担当のその属官カール・ホフマンは首相ボグダン・フィロフ〔一八八三－一九四五。本書八七頁注11〕と内務大臣ガブロフスキから、ユダヤ人の国外への強制収容所送りは適当な時期がくれば実施されるという確言を得る。しかし、ブルガリアの指導者たちによれば、今のところはまだ、ユダヤ人たちはブルガリア国内においてさまざまな仕事、とくに道路の維持のために使役されている。

ブルガリアに居住するユダヤ人たちの強制収容所送りが決定的な段階を迎えるのは、アイヒマン〔一九〇六－六二、ナチス親衛隊（ＳＳ）中佐で、ゲシュタポ（ナチスドイツの秘密警察）のユダヤ人移送局長として、ユダヤ人の大量虐殺に深く関わった〕から遣わされてやってきた親衛隊〔ＳＳ＝ナチスの党内組織で治安・諜報を担当する〕の高級将校テオドール・ダネッカー〔一九一三－四五、ナチス親衛隊（ＳＳ）中尉、パリにおいてユダヤ人問題を担当した後、いったんベルリンに呼び戻され、その後ソフィアに赴任していた〕が一九四三年一月二一日にソフィアに到着してからである。ダネッカーは最初に、強制収容所送りにすべきユダヤ人の人数（二万人）を定め、自分の対話の相手だったベレフにその要求を通知する。ふたりは一緒にその二万人をどのように分けるか決定する。ブルガリア軍が占領している両地方からまず一万四〇〇〇人（マケドニアから八〇〇〇人、西トラキアから六〇〇〇人）を移送できる。残りの六〇〇〇人は「もともとのブルガリア領」（一九四〇年以前からのブルガリア領）から集めねばならない。ダネッカーはその残りの六〇〇〇〇人を「望ましからぬユダヤ人たち」から選べるだろうと示唆する。二月初めにベレフは各地方のユダヤ人問題局の責任者たちに次に取るべき措置を準備するようにとの指示を送付する。疑いを引き起こさないようにせねばならず、貨車が向かう真の行先を明かすことのないようにせねばならない。まず男たちだけを捕まえ、その後に男たちと合流するよう家族に要求することにする。「女たちには、夫のもとへ連れていき、夫とともに『もともとのブルガリア領内』に定住させると説明しなさい」（『生き残り』p.207）。二月一二日、閣議は、長時間続いた議論の後にベレフの提案と、提案人数二万人を受け入れることにする。二月一六日、ダネッカーは満足して第三帝国〔ナチスドイツ〕の安全保障局に強制収容所送りのプロセスが開始されたこと、その実施は三月初めに始まるだろうことを報告する。

二月二二日、ダネッカーとベレフは将来の強制収容所送りについての合意に署名する。性別や年齢が特定されることなく二万人という人数が再確認され、この人数をどの駅、どの貨車にどのように割り振るかについても確認された。費用負担についても合意がなされ（ブルガリア国鉄が国境までの費用を負担する。国境を越えてかかる費用は負担しない）、この措置により国籍を失うそれまでの自国民に対しブルガリア政府はあらゆる責任を放棄する旨が明記される。「強制収容所送りになるユダヤ人で、ブルガリア国籍をまだ剥奪されていない者がいる場合、彼らはブルガリア領を離れるその瞬間にブルガリア国籍を失う」（ボヤジエフ p.205）。同じ日、ユダヤ人問題局は同局の地方責任者たちに、二四時間以内に「金持ちの、人々の耳目を集める、社会的な地位を有する」ユダヤ人のリスト、また「ユダヤ人共同体のリーダー、また政府に対する反対者」（ボヤジエフ p.206）のリストを作成するよう命じる通知を送付する。一九四三年三月二日、閣議は新たな決定をおこない、先に出された指示を合法化する。こうして、強制収容所送りの仕組みが作動し始める。

ブルガリアによって新たに占領された地方に居住するユダヤ人たちの運命は、こうして決定された計画に沿って進められる。三月四日には西トラキアのユダヤ人たちが逮捕され、「もともとのブルガリア領」へ移送される。三月一一日には、マケドニア、そしてセルビアとの国境近くに位置する町ピロト〔セルビア南東部の都市〕のユダヤ人の監禁が終了する。ソフィア駐在ドイツ大使ベッケルレは三月三日、その「日記」に記している。「ダネッカーからの報せでは、昨日から集合地への西トラキアのユダヤ人の呼び出しが開始され、マケドニアのユダヤ人はゲットーに入れられた。一四歳以下の娘たちだけが買い物のために外出できる」（ボヤジエフ p.210）。三月一八日、一九日に、西トラキアのユダヤ人は貨車でドナウ川沿いの河港であるロム〔ブルガリア北西部の町、ドナウ川右岸に面す。ブルガリアにあるドナウ河港としては北東部の町ルセの次に重要〕に移送され、ウィーンに向かう船に乗せられる。ウィーンからは貨車でポーランド南部のカトヴィツェ（ドイツ語ではカトヴィッツ）、同じくオシヴェンチム（ドイツ語ではアウシュヴィッツ）〔いずれもナチスの強制収容所の所在地〕に連れていかれる。マケドニアのユダヤ人は三月二二日、二五日、二九日に、マケドニアから直接貨車で連れ出される（二二日、二五日に出発した人々はアウシュヴィッツへ、二九日に出発した人々はトレブリンカ〔ワルシャワの北東九〇キロ。ナチスの強制収容所の所在地〕へ連れていかれる）。全員で一万一三六三人が強制収容所送りになり、そこから生きて戻れたのは一二人である。

ユダヤ人たちの監禁と強制収容所送りは「もともとのブルガリア領」で、気づかれずにはいなかった。彼らはそこで数日間待機することになっていたのだ。これについて「もともとのブルガリア領」に住む人々の残した証言が示しているのは同情と怒りという反応である。いくつかの痕跡が残されている。たとえば代議士ディミタール・イコノモフが同僚であるペシェフにした話である（本書二〇四頁）。この話を聞いたことが、ペシェフがその後に起こす行動の出発点となる。またソフィアの主教（これはカトリックにおける大司教に相当する）を務めるステファヌ〔一八七八―一九五七、当時ソフィア主教、四五―四八にブルガリア正教会総主教代理（主座主教）〕が発したいくつかの声明（たとえば本書一三八頁）である。さらには政府反対派に属する代議士ペトコ・スタイノフが首相に対しておこなった要求である（本書一一五頁）。とくにステファヌはためらうことなくボリス国王に警告の電報を送り、彼がブルガリア領内で目撃した西トラキアのユダヤ人たちの赦免を懇願した。しかし、そのおりに彼自身が言っているように、こうした奔走は壁にぶつかる〔本書一四〇頁〕。

「もともとのブルガリア領」に居住するユダヤ人にとって、事態はこれとは違ったふうに展開する。彼らもまたブルガリアの各地方の町々で、ユダヤ人問題局が作成したリストに基づいて三月三日に逮捕される。だが、彼らはブルガリア人の友人たちの連帯、そして協力を当てにできた。こうした経過のもっとも明瞭な例については、ソフィアから遠からぬ小さな町キュステンディル〔ブルガリア西部の町、ソフィアから九〇キロ〕がよく知られている。この町に住んでいたおよそ一〇〇〇名のユダヤ人を対象とした逮捕は三月七日に始まった。八日には地元の四〇人〔アセン・スイチュメゾフの回想では四四人。本書一七四頁〕の代表団が、自分たちと同じ町に住むユダヤ人の住民を擁護するためにソフィアへ赴くことが決定される。結局ソフィアへ出発したのは四人で、その内わけは弁護士ひとり〔モムチロフ〕、退職した教員ひとり〔ウラディミール・クルテフ〕、商人ひとり（アセン・スイチュメゾフ〔本書一七三頁〕）、そして地元選出の代議士ペタル・ミカレフで、ユダヤ人はひとりもいなかった。同日夕刻ソフィアに到着すると、彼らは同町出身の別の代議士ディミタール・ペシェフと翌日朝の会見を取りつける。ペシェフは国会の副議長でもあった。ペシェフの回想録に記されているように〔本書二〇六―二〇七頁〕、ペシェフはすでにこのときどんなことが起きつつあるかについて情報を得ていた。ペシェフは訪問者たちに午後に国会に来るようにと言った。彼は首相への面会を要求したが、これは叶わなかった。だが、彼は自分以外に七人〔ペシェフの回想（本書二〇七頁）では「全員で一〇名」〕を含む国会多数派の代議士による代表団の先頭に立って、内務大臣ガブロフスキに面会できた。会見が始まった当初、ガブロフスキはユダヤ人たちの逮捕の事実を否定する。そして、訪問者たちの再三の要求を前にして、彼は電話を取り、逮捕を中断し、すでに逮捕されたユダヤ人たちを解放するよう命じる。

同様の行動が、他の地方の町でも繰り返される（もっとも、他の町の住民たちはキュステンディルの住民たちほど手際よくはなかった）。そのひとつの例を当時のプロヴディフ〔ブルガリア中部の町。ブルガリアでは首都ソフィアに次ぐ大きさを持つ〕主教で後にブルガリアの総主教となるキリル〔一九〇一―一七一〕の証言に見ることができる〔本書一三六頁〕。彼もまた国王に電報を送り、町の行政当局に働きかけ、ユダヤ人たちに自分の教会へ避難してくるよう促す。また伝えられるところによれば、自分の教区から出発する最初の強制収容所送りの貨車を止めるため、線路に身を横たえると彼は約束している。ソフィアでは多くの有力者が、政府に関係する親族、友人たちに働きかける。

政府によるこの対ユダヤ人政策の方針変更にすでに決定的な役割を果たしていたペシェフは、自分が獲得した有利な立場をさらに強化しようと決意する。彼は大急ぎでひとつの請願書〔本書一一一頁〕を作成し、そこに国会の多数派に属する四二人の代議士による署名を加え、その内容を国会議長に伝える〔本書二一四頁〕。この請願書は抑制された言葉遣いで政府の反ユダヤ政策を非難し、その変更を要求するものである。首相フィロフはこの展開を知らされ、自分の権威が疑問に付されたことに苛立つ。そして、ペシェフに個人的屈辱を与えるため、自分が率いる国会多数派の集会で、請願書への署名者のそれぞれに署名の撤回を要求する。フィロフをがっかりさせたことには、三〇人の代議士は署名を撤回しない。フィロフはまたペシェフへの非難決議を投票にかけさせ、ペシェフを国会副議長職から罷免しようとする。この過程のどの瞬間にも、ペシェフは公《おおやけ》の席で弁明の機会を与えられない。しかし、ブルガリアのユダヤ人を強制収容所送りにしようという政府の考えは当面放棄される。

　こうしてユダヤ人の強制収容所送りを巡る挿話の絶頂点が終了する。その計画は西トラキアとマケドニアで完全に成功し、「もともとのブルガリア領」では完全に失敗する。ソフィア駐在ドイツ大使館の職員たちは、それでもそれほど失望させられていない。彼らは一九四三年四月五日に次のように書いている。「あらゆる状況を考慮に入れるなら、一万一三四三人のユダヤ人強制収容所送りという現在までの結果は満足すべきものと見なされねばならない。合意された二万という人数との対比で言うならば、五六パーセントの達成である」（『生き残り』p.237）。

　ダネッカーとベレフはブルガリアのユダヤ人全員の強制収容所送りを断念しているわけではない。アイヒマンが指揮する部局は彼らにこの命令を中断させようとはしない。ダネッカーとベレフというふたりの共犯者は、首相フィロフと内務大臣ガブロフスキに働きかけを続け、フィロフとガブロフスキは、自分たちも彼らの望むようにしたいと彼らに確言する。他方、ユダヤ人の団体、さまざまの宗教機関、そして多くの政治家たちは、権力の座にある者たち、とりわけ国王に、強制収容所送りの計画などきっぱりと打ち捨てるようにと説得を試みる。ユダヤ人運動家が参加したいくつかの示威行動を口実として、ベレフは一九四三年五月初め、新たな計画を立てる。計画はふたつの選択肢からなる。第一の選択肢は、ブルガリアの国内治安を理由としてブルガリアに住むすべてのユダヤ人をドイツ東部地域の強制収容所に移送するというものであり、第二の選択肢は、最初の選択肢が実現できない場合、ソフィアに住む二万五〇〇〇人のユダヤ人を地方へ追放する〔居住地指定〕というものである。ガブロフスキは第一の選択肢を受け入れ、一九四三年五月二〇日、ボリス国王に拝謁したおりにこの計画を示す。「しかし、国王は、ただちにユダヤ人の地方への追放を始めねばならないと決定した。これが第一の選択肢が放棄された理由である」とソフィア駐在ドイツ大使館の職員ホフマンは六月七日付の報告書に記している（『生き残り』p.257）。五月二一日、閣議はこの方向で決定をおこなう。スターリングラード攻防戦[10]や連合国軍の北アフリカでの勝利[11]の後の国際状況も、また国内の民心の状態も、変わりつつあった。したがって、国王はこの後、厳密な意味での強制収容所送りにはきっぱりと反対するようになる。

不安に囚われていたソフィアのユダヤ人住民は、追放と収容の措置が自分たちを脅かしているのを知る。あちらこちらから抗議が湧き起こるが、それらはとくにブルガリア正教会と何人かの有力な政治家からのものだった。この時期極めて活動的だった主教ステファヌは国王に電報を送るが〔本書一六六頁〕、その電文は以下のようなものである。「人を裁くな。あなた方も裁かれないようにするためである。あなた方は、自分の裁く裁きで裁かれ、自分の量る秤で量られる」〔マタイによる福音書、七、一—二〕。ボリスよ、神が天からおまえのすることを見ているのを忘れるな」（『生き残り』p.42）。ステファヌはまた、自分の教会にユダヤ教中央長老会議のラビ〔ユダヤ教の指導者〕を迎える。伝統的に五月二四日（ブルガリアでは「キリルとメトディオス[12]」の祭日、文化と教育に関わる国家祭日である）におこなわれてきた行進は、この年政府のユダヤ人政策に対する抗議デモとなる。およそ四〇〇人の逮捕者が出る。しかし、ソフィアのユダヤ人住民の地方への追放は六月いっぱい続けられる。二万人近くのユダヤ人が首都を去る。だが、ポーランドの強制収容所に送られたブルガリア国内のユダヤ人は相変わらずひとりもいない。

　これは単なる延期措置なのだろうか。ダネッカーとベレフはそのように期待している。だが、そうした姿勢を保っているのは彼らだけのように思える。六月七日付の報告書に見られるソフィア駐在ドイツ大使ベッケルレの姿勢は、すでに彼らのそれとは違っている。まず彼は、ベレフを警戒するべきだと勧告し、ベレフをブルガリア政府の政策への反対者として提示している。そのうえ、ブルガリアの権力者の姿勢に寄り添っているベッケルレの姿勢は大まかに言えば次のようなものである。まず、原則的には当然「ユダヤ人問題」の解決に賛同する。しかし、実際は、そして当面は、ブルガリア人には自国に住むユダヤ人が必要であり（彼らを道路建設に使役するのだ！）、そのうえ、彼らを強制収容所送りにすることは、国内においても、また対外政策の上でも、政治的にあまりに高くつく。連合国軍はすでにシチリア島に上陸しており[13]、ブルガリアはこれまで以上に中立を守りたいと考えている（反ボルシェヴィ

10☆　一九四二年六月から翌年二月にかけてソビエト領内ヴォルガ川西岸の工業都市スターリングラードを舞台にナチスドイツ軍を中軸とする枢軸国軍とロシア赤軍のあいだで戦われた攻防戦で、ドイツ軍が敗れ、第二次大戦の戦局の転換点のひとつとなった。

11☆　アメリカ、イギリス両軍を中核とする連合国軍は一九四二年一一月にはモロッコ、アルジェリアに上陸し、一九四三年五月には北アフリカをアメリカ軍が制圧し、北アフリカにおけるドイツ軍は消滅した。

12☆　キリル（八二七／八二八‐八六九）とその兄メトディオス（八一五〜八二〇‐八八五）は「スラブの使徒」すなわち、中央ヨーロッパへの布教に務めた聖職者として崇敬されている（本書一五一頁注11も参照）。

13☆　連合国軍は一九四三年七月一〇日にシチリア島に上陸する。七月二五日にはムッソリーニ（一八八三‐一九四五、イタリアの独裁政治家）が解任、逮捕される。九月三日には連合国軍がイタリア本土に上陸し、イタリアは九月八日に降伏する。

キ〔ボルシェヴィキはレーニンが率いた革命勢力〕のプロパガンダは国内では禁じられており、とりわけスターリン〔一八七九－一九五三、ソビエトロシアの政治家、最高指導者〕個人に対する非難は禁じられている）。一八四三年八月一八日付の新たな報告でベッケルレははっきりと次のように結論している。「問題の大臣たちとの会話、そして昨日首相と交わした対話によって、私が知ったのは、現在時点での強制収容所送りの要求にはまったく意味がないということです。」ベッケルレはあらゆる希望を失っているわけではないが、この時点ではそれに大きな条件を付けている。「ドイツの［軍事的］成功がはっきりし、われわれを今のところ劣勢に陥れている敵対者からの政治的攻撃が収まればすぐに、われわれが介入するのに適当な時節がやってくるでしょう」（『生き残り』p.264-265）。ドイツの軍事的勝利だけが、強制収容所送りの再開を可能にするだろう。

ボリス国王による最後のヒトラー訪問の数日後、八月二八日に国王は突然死去する。王位継承者シメオン[14]は未成年なので、三人の摂政が任命されるが、そのひとりはフィロフである。新たな政府が組織される。一〇月初め、ベレフはユダヤ人問題局の長の職を解かれる。彼の後任もまた反ユダヤ主義者だが目立った人間ではもはやない。この月のあいだに、ソフィアから追放されていたユダヤ人に帰宅が許可される。そしてその翌年のあいだに、さまざまな反ユダヤ的な措置は徐々に解除される。国民保護法はソビエト軍にブルガリアが占領される直前[15]に廃止される。一九四四年九月九日に旧体制は崩壊する。

14☆　ボリス三世の死去によって王位に就いたシメオン二世（一九三七－、ブルガリア国王在位一九四三－四六）はブルガリア王国最後の国王で、王国崩壊後に国を離れるが、後に帰国し一時首相（二〇〇一－〇五）を務める。

15☆　ソビエト連邦は一九四四年九月五日にブルガリアに宣戦布告し、ブルガリア領内に侵攻を開始する（注16も参照）。

Ⅱ　記憶の競い合い

ブルガリアにおいて、たとえ部分的にでも（というのも西トラキアとマケドニアのユダヤ人たちは現実に国外の強制収容所送りになったからだが）ユダヤ人たちの生命が救われたことは、議論の余地なく、称えられるべき行為である。だが、これをなし遂げた功労者を誰とすべきだろう。

一九四四年九月九日の祖国戦線のクーデタ[16]による旧体制崩壊以降、徐々に権力の座に就いた共産党は、この疑問に二重の答えを用意している。言ってみれば、よく知られた「底の抜けた鍋の話[17]」のような説

16☆　一九四四年九月にソビエト軍が領内に侵攻してくると、祖国戦線（本書六三頁注22）は九月九日にクーデタを起こし、一九三四年五月一九日クーデタの指導者キモン・ゲオルギエフを首班とする内閣を組織し、ソビエトと休戦協定を結び、ドイツと枢軸国に対して宣戦布告する。

17☆　ある男が友人に借りた鍋を友人に返したときに、鍋の底が抜けていると文句を言われ次のように返事をする。「一、私は友人から鍋を借りていない。二、私は友人に鍋を良好な状態で返した。三、友人が私に鍋を貸したときにそもそも底はすでに抜けていた。」もちろん、彼がしている三つの答えは互いに矛盾している。

明である。まず、たいしたことは何も起こらなかった。第二に、その行為のあらゆる功績は共産党に帰する。

たいしたことは何も起こらなかったというのが、粛清の任を負った一九四四年九月の特別法廷（人民裁判）のおりに引き出された結論だった。実際、旧政府の政治を支持したという理由でかつての国会多数派の全代議士を裁くことにしたこの裁判では、ユダヤ人の強制収容所送りが問題になっていた時期の代議士たちによる一連の活動を重視しないことにした。同年末、ディミタール・ペシェフが執筆した請願書の署名者四三人の代議士〔ペシェフを含む〕のうち、二〇人が死刑判決を受け、六人が終身禁固刑の判決を下され、八人（ここにペシェフが含まれる）が禁固一五年、四人が禁固五年、ひとりが禁固一年の判決を受けた。三人が釈放され、ひとりは判決を受ける前に死去した（ニッシム pp.225-226, 315-316〔本書六五頁「書誌説明」を参照。以下同〕）。死刑判決を受けた者のうち際立った人物は、ユダヤ人の強制収容所送りについて最初の警報を発したディミタール・イコノモフと、国民保護法についての審議のおりに反対したペトロフである。ペシェフがユダヤ人を救うための活動をしていたとき、ずっと彼の同伴者だったペタル・ミカレフは、終身刑に処せられた。たしかにその後各人の刑期は短縮された。主教ステファヌは一九四八年に罷免されるだろう。

新体制においてペシェフとその仲間たちの行動をほとんど無視できるものと見なしたのは、共産主義者たちの手中にあった司法だけではない。旧政府反対派で自由派の有力者たち、たとえば代議士ペトコ・スタイノフやジャーナリストのディモ・カザソフ〔一八八六－一九八〇。本書八七頁〕は彼ら自身勇敢に強制収容所送りに反対したのだが、今や彼らは権力の座に就いていた。スタイノフは外務大臣になり、カザソフは情報大臣になっていた。当時の彼らの主要関心事は、かつての政治的敵の功績を認めることではなかった。スタイノフはペシェフの裁判で証言をおこなうが、彼を擁護することはない。

　ユダヤ共同体の人々も、今では信用を失ったペシェフらに対して、全員が全員、感謝の念を示し続けることに執着しているわけではない。ペシェフのために弁護士を見つけねばならなくなったとき、彼の家族は当時評判の高かった共産主義者のユダヤ人弁護士ニッシム・メヴォラ〔一八九一－一九六八〕に話を持ちかけた。メヴォラはペシェフの弁護をするのを「政治的理由のために」断った。裁判所によって選任された弁護士ダヴィド・リジは、初審の日、自らの欠席を正当化するために疾病証明書を提出した。かつて迫害を受けた犠牲者は、いったん危険が去ると、必ずしも新たな迫害に反対して闘うわけではない。だが、全員が全員こうした選択をするわけでもない。やはりユダヤ出自の別の弁護士ヨシフ・ヤチャロフがペシェフの弁護を引き受け、彼のために情状酌量の口実を見つけ出し、ペシェフの生命を救った（国会副議長だったペシェフはことのほか強い弾劾の対象となっていた）。その口実とは、ペシェフがユダヤ人の生命を救う手助けをしたことではなく、それより数年前に、ペシェフが以前の内閣の司法大臣として、一九四四年九月九日のクーデタ後に国防大臣となる旧政府への反対者ダミアン・ヴェルチェフ〔一八八三－一九五四。本書一四七頁注7〕の処刑に反対したことにあった。ペシェフはこの行為のゆえに、その後の内閣改造のおりには司法大臣のポストから外されさえした。だからヤチャロフはペシェフを救ったのだが、ヤチャロフ自身はこの弁護の行為を高く支払わされた。一九四八年に彼はソフィアの弁護士資格者名簿からその「反動的意見」（ニッシム p.210-222）を理由として決定的に抹消される。

　人民裁判に続く数年のあいだ、ユダヤ人に対する旧体制時代の民族浄化については相変わらずどのような特別な言及もなされない。一九五四年に出版されたある教科書がこの問題に割いているのはわずか一行である。「ヒトラー支持者たちを真似て、当時の政府は国会で国民保護法を通過させた。この法律はブルガリアに居住していたユダヤ人を迫害しようとするものだった。」共産党当局が発行させていた百科事典によれば、強制収容所にいたのは政治犯だけであり、アウシュヴィッツでは「あらゆる国籍の囚人たち」が殺されていた。

大戦中のユダヤ人に対する迫害について、新体制下の共産主義者たちが示していた最初の見方はこのようなものである。しかし、これとはまったく違う視点に立ったもうひとつ別の見方も出される。それによれば、この迫害は共産主義権力に先立つ権力が犯したもっとも大きな犯罪のひとつなのだが、これが失敗に終わったのは共産党自体の活動によるところが大きい。この新たな見方を打ち出し広めたのはとりわけ数名のユダヤ人共産主義者であり、ユダヤ人を襲ったそれらのできごとについての最初の資料集は彼らの手によって公刊されている。すなわち、一九四八年と四九年に多数のブルガリアのユダヤ人がパレスチナに旅立った後、ブルガリアのユダヤ人共同体に関わるあらゆる公刊物は献身的な共産主義者たちの手元に集められたのだ。ブルガリアのユダヤ人文化教育社会組織が発行する『年報 *Godishnik*』は一九六六年に創刊されたものだが、以来当時の資料の刊行を続け、揺らぐことなく先のような見方を堅持している〔本書六四頁「書誌説明」を参照〕。

新体制下の共産党が強調したのは一九四三年三月の諸事件についてではなかった。それらの事件のおりに共産党は何の役割も果たしていなかったからである。共産党が強調したのは同じ年の五月の諸事件、とりわけ五月二四日のユダヤ人地方送致に対する抗議デモについてだった。この抗議行動では、追放と監禁の措置への忌避が表明された。この示威行動は労働者党（すなわち共産党）の代表者たちにより組織され、指導されたらしい。一九五四年以後、ブルガリアの権力がトドル・ジフコフ〔一九一一－九八、五四共産党第一書記、続いて国家評議会議長（元首）を七一－八九に務め、最高指導者として三五年の長きにわたって君臨した〕のものとなったとき（彼がいやいやながら権力を手放すのは一九八九年である）、人々が気づいたのは、この栄光に満ちた行為の先頭に立っていたのが、まさしくジフコフらしいことである。彼への称賛はしだいに度外れなものになっていく。一九七〇年代末、ユダヤ人組織に対し、ブルガリアのユダヤ人を救ったことを理由としてジフコフをノーベル平和賞候補として申請するよう圧力がかかる。結局、この提案は実らなかった（ニッシム p.264）。

こうした申請要求はどの程度正当なものだろう。

まず言っておかねばならないが、大戦中、共産主義者たちは実際あらゆる形態におけるユダヤ人迫害に対して反対していた。彼らがこの大義を自分たちの道具として用い、それを彼らの全体的な政治的目的のために役立てようとしたことは確かである。その目的は、当時権力にあった者たちを覆し、「ファシズム」に対するもっとも活動的な戦闘者のように自分たちを見せかけることにあった。だがこれは立派な闘いである。その証拠となるのは、まだ彼らが自らの意見を表明できた時期の、国会における彼らの代表者たる代議士たちの数々の演説であり（ソビエト軍の侵攻〔一九四四年九月〕後、代議士たちは議員資格を一時停止され監禁されるだろう）、労働者党が流通させる非合法のビラ、新聞、あるいはソビエト領土からのラジオ放送である（本書九六、一〇四、一〇七、一四八頁）。しかし、はっきりしないのは、こうした介入が、共産主義者の歴史家が言うほど重要な役割を果たしたか否かである。

実を言えば、こうした見方を真実だと見なしうる証拠は何もない。国民保護法が可決された時点での共産主義者の代議士たちの抗議は、彼らの自己宣伝の手段でしかないと見なされていたし、実際そういうこともあったに違いない。いずれにせよ、彼らがおこなった抗議はこの法律の可決を妨げるには何の役にも立たず、政府の方針に従順な多数派によって、この法律は一九四一年一月に公布された。一九四三年三月の強制収容所送りの際には、共産主義者はこれを妨げるためのいかなる行動手段も持ち合わせていない。当時非合法化されており、抑圧されていた共産党に、たいした影響力はない。もしユダヤ人たちの政治的立場が共産主義者たちに近いと見なされていたならば、ユダヤ人たちは実際になされたよりもさらに激しい迫害にさらされていたことだろう。つまるところ、一九四三年五月二四日の抗議デモを組織したのは、誰よりもとりわけユダヤ人共同体の指導者たちであり、とくにラビであるダニエル・ツィオン〔一八八三―一九七九〕だった。ジフコフはこれに関わった気配さえない。相変わらず共産主義者たちを擁護し続ける一九九五年にソフィアで刊行されたテキスト選集『生き残り』(p.55)でさえもがそっけなく言っているように、「〔共産党〕中央委員会がジフコフに示威行動の組織と指導を任務として与えたという見方は、科学的研究によっては確認されない。」

ブルガリアのユダヤ人たちを救ったのが共産主義者たちでないのなら、いったい誰が彼らを救ったのだろう。一九五〇年代の初めから、二番目の説が姿を見せる。これは最初の説とはまったく反対のもので、それによれば、ユダヤ人たちの真の救済者は国王ボリス三世である。この説を唱えたのは、もちろん、ブルガリアからの亡命者たちによる刊行物で、とくにイスラエルに亡命していたブルガリア出身のユダヤ人ベンヤミン・アルディティが一九五二年にこれを唱えた。以来、この説は、ブルガリア国外で出される出版物で何度も取り上げ直され、一九九〇年以降にはブルガリア国内においてさえ唱えられるようになった。この説の明らかな長所は、共産主義者たちからこの件に関わるあらゆる功績を剝奪し、共産主義者たちの歴史的な敵対者である国王に高貴な役割を与えられるという点にある。そのうえ、お伽噺におけるように、物語の最後に国王が善良で賢い存在として姿を見せるような展開には、どこか民心を安心させるものがある。

しかしながら、歴史資料を検討してみれば、国王が言った言葉（彼はものを書かない）をその字義通りに受け取るのは無理だと気づかされる。国王にとって、言葉が持つ第一の役割は自分の内心を明かすのに役立つことでも、世界をありのままに記述するのに役立つことでもない。その第一の役割は自分が望むような方向で対話者に働きかけることである。対話者のそれぞれに、国王は自分が到達しようとする目的に応じて異なる言葉を使い分ける。保護を願い出るユダヤ人に、国王は、あなた方には何も起きないと約束する。ユダヤ人の強制収容所送りを要求するドイツ人には、国王は、それこそ自分が望んでいることだと答える。大臣、顧問官といった、周囲にいる打ち明け話の相手に、彼が同じ返答を二度繰り返すことはない。ユダヤ人に対する国王の姿勢を判断するのに唯一の有効な方法は、彼の言葉に問いかけることではなく、彼がした行為に問いかけることである。

国王は自分の責任において、一九四三年三月一〇日から同年八月二八日の彼の死まで、「もともとのブルガリア領内」のユダヤ人の国外移送を止めた。もし最高権力を保持していた国王が一連の強制収容所送りを継続しようと望んだのであれば、ペシェフと彼を支持する代議士たちの行為だけではそれを止めることができなかっただろう。同時期の資料がこの国王の行為を確認させてくれる。一九四三年四月五日付のカール・ホフマンの報告は述べている。「そのうえ、内務大臣が最高意志決定者（von höchster

Stelle）から、『もともとのブルガリア領』からのユダヤ人の計画的移送を止めるよう命令を与えられていたことは認めねばならないだろう」（『生き残り』p.236、ドイツ語テキストはボヤジエフp.79）。この言い回しは啓示的である。ソフィア駐在ドイツ大使館のこの職員は、上記の断言を事実としてではなく、推測として述べ、国王を名指しすることは避けている。しかし「最高意志決定者」とは一九四三年のブルガリアではただひとりの人間しか指し示さない。三月九日、内務大臣ペタル・ガブロフスキは自分が出した命令の執行を中断させることに同意したが〔本書一七七頁〕、翌日にでもまたその執行を継続させられるだろうとも考えていた。その継続を妨げたのは（いかなる他の痕跡も残ってはいないが）この時期以後になされた国王からの指示である。一九四三年五月の次なる強制収容所送りの試みの際にも、国王は再び介入する。先に見たように、同月二〇日に内務大臣を接見した国王は、大臣の意見に反し、強制収容所送りという選択を退け、追放を選択した〔本書二六頁〕。ドイツからの圧力を受けても、国王は言い逃れをし、時を稼ぐ措置を取る。たしかに国王は、ブルガリアが抱える「ユダヤ人問題」をドイツが解決してくれるよう望むが、国王は道路建設に使役するための「自国の」ユダヤ人たちを当面おおいに必要としている…。ゲッベルス〔一八九七－一九四五、ナチス・ドイツの国民啓蒙・宣伝大臣〕が自分の日記のなかでボリス国王を「狐と同様にずるがしこい者」として描き出しているのは偶然ではない。

そのことと同時に、国王は、ブルガリア軍に占領されていた西トラキアとマケドニア地方のユダヤ人一万一三六三人が死に向けて強制収容所送りにされたことについて責任がある。彼らはたしかにブルガリア国民ではない。しかし、彼らから一九四二年六月五日の政令によってブルガリア国籍を奪ったのは彼の政府である。国王が強制収容所送りのために率先して働いたわけではない（それをしたのはテオドール・ダネッカーとアレクサンダル・ベレフである）。しかし、それを妨げる方法があったのに国王は何もしなかった。国王は明らかに、何が起きつつあるかを知っていたし、強制収容所送りになるユダヤ人を待つ運命も知っていた。そもそも、たとえ彼がそれを知らなかったとしても、多くの証人の言葉に耳を傾けるだけで、それを知ることはできただろう。スイスの代理大使シャルル・レダールは一九四三年三月一一日、強制収容所送りを妨げるために首相フィロフに働きかけをおこない、ポーランドに送られればユダヤ人たちはただちに殺害される恐れがあると断言している（本書一三〇頁）。フィロフがこの情報を自分だけのために取っておき、それを国王に知らせなかったなどありそうもない。国王に直接訴えることのできる主教ステファヌの証言には、この点において、とりわけやりきれないものがある。ある町へと移動したおり、逮捕されたユダヤ人たちの苦しみを自身の目で目撃したステファヌは、ボリスに電報を送り、強制収容所送りを中断させるように要求する。「私が出した電報への〔国王の〕返事は、合法的なことでできることのすべてをおこなうというものだった」（本書一六六頁）。言葉を換えれば、国外追放は継続されねばならないということである。なぜなら、それは法律の文面に沿った措置だからである。

ソフィアに戻ると、ステファヌは再び王宮へ働きかける。「私の介入は壁にぶつかり、まもなく、強制収容所送りになる人々はドナウ川沿いの各港へと連れられていきました」（本書一四〇頁）と、ステファヌは一九四三年四月二日の主教会議で述べている。疲れを知らぬステファヌは同年五月、国王に報告書を送る。ステファヌへの応対を任された宮廷の秘密官房長〔P・グルエフ〕がステファヌに知らせたのは「〔国王は〕私たちの願いに好意的に応え、エーゲ海沿いの西トラキアから追放されたユダヤ人がブルガリアを通過する際には丁寧に扱われる」よう国王が命じたということであり、「ただし、そのユダヤ人たちはヒトラーの参謀本部の囚人である」（本書一七一頁）と国王が付け加えたということだった。その後ユダヤ人を乗せた貨車に付き添っていたブルガリアの警察官たちは、穏やかな振る舞いをするよう命じられただろうか。いずれにせよ、こうしたことは強制収容所送りになった人々の運命を何ら変えるものではなく、安上がりに良心の痛みを軽減することを許すだけである。高位聖職者の意見を国王がこうして拒否するというのは、かなりまれなことであり、ステファヌは自身の回想録に次のように書きつけている。「私たちが国王とのあいだに持った長きにわたる職業上の頻繁な接触において、私たちが沈黙と軽蔑に遭遇したのはこのときが初めてであった」（本書一七二頁）。

先に見たように、ユダヤ人たちの強制収容所送りに反対したのはステファヌだけではない。多数派の代議士たちも（ディミタール・イコノモフ）、政府反対派の代議士たちも（ペトコ・スタイノフ）、彼らの抗議を公《おおやけ》にしていた。他の主教たちの証言もある。たとえばソフロニのそれである。「私が当時いたスコピエ〔現在は北マケドニアの首都〕では、男も女も子どもも病人も、あらゆるユダヤ人が逮捕された。彼らは全員巨大なタバコ倉庫に集められた。そこに厳重な監視をつけて閉じ込められた後、彼らはポーランドに連れていかれた」（『生き残り』p.232）。政府も国王もこうした抗議の呼びかけを知らなかったはずはない。しかし、こうした呼びかけは何の反応も呼び起こさなかった。

一九四三年三月三一日、国王はベルヒテスガーデン〔ドイツバイエルン州の町、ヒトラーの山荘があったことで知られる〕に赴き、翌日長時間にわたって、彼を迎えたヒトラー、そしてリッベントロップ〔一八九三―一九四六、ドイツの実業家・政治家・ナチス親衛隊（SS）名誉大将〕と話し合う。その直前におこなわれた強制収容所送りのことは、国王の頭にしっかり入っている。国王はヒトラーたちとの会見から受けた印象をフィロフに語っている。フィロフの日記には次のように書かれている。「［国王は］長時間にわたってリッベントロープとユダヤ人問題について議論し、彼に、ユダヤ人はブルガリアではスペイン人［セファラド］[18]なのであり、彼らユダヤ人は他の国々で彼らが演じているような役割をまったく演じていないと説明しようとしたらしい。しかし、リッベントロープはこうした反対意見を受け入れず、ユダヤ人はどこまでいってもユダヤ人だと答えたらしい」（フィロフの『日記』一九四三年四月五日付〔本書一二七頁〕）。リッベントロープのほうもまた、国王とのこの会話について語っているが、彼はその内容を国王とは少し違った言い方でソフィア駐在ドイツ大使アドルフ・ベッケルレに宛てた電報で伝えている。「ブルガリアのユダヤ人問題について、国王が言ったのは、当面マケドニアと西トラキアのユダヤ人の東ヨーロッパ［ポーランド］への移送のみについて同意を与えたということだ。ブルガリアのユダヤ人について言えば、彼が厄介払いしたがっているのはごく少数の共産主義者ボルシェビキだけで、残りの二万五〇〇〇人については自国内の強制収容所に留めておきたいということだった。道路の建設に使役するということだった。この国王のメッセージについて私は多言を費やさなかった。ただ私が彼に強調したのは、われわれの考え方では、ユダヤ人問題については根本的な解決法だけが唯一正しいものだということだった」（一九四三年四月四日付、『生き残り』p.234）。

国王の物言いとリッベントロープの物言いを突き合わせてみるのは意義深い。強制収容所送りの政策

18☆　一四九二年にスペインはユダヤ人追放令を出し、カトリックへの改宗か国外退去かの選択をユダヤ教徒に迫った〔本書一二七頁注20も参照〕。

を支持するフィロフ（もっとも本当のところは決してわからないが）の前では、国王はブルガリアのユダヤ人の保護に熱心な者として自分を提示している。リッベントロープの前では、彼はまず、すでに西トラキアとマケドニアのユダヤ人の強制収容所送りを許可したことを認め、さらにそれが共産主義支持者であるならば、何人かのブルガリアのユダヤ人も強制収容所へ送ると約束している。何人送ると言っているのだろう。もしブルガリアのユダヤ人の総数四万八〇〇〇から二万五〇〇〇を差し引くならば、二万三〇〇〇の移送の候補が残ることになる。しかし、国王は本当に約束を守るつもりがあったのだろうか。それとも彼は漠然とした約束で対話相手をなだめようとしていたのだろうか。国王は結局残りのユダヤ人を国内の強制収容所に留めようと考えている。これは国王の側からする新たな策動なのだろうか。おそらくそうだろう。しかし、国王がそうした措置と「根本的な解決法」の違いを把握しなかったはずはない。

　これらの資料、これらの証言に照らしてみれば、国王が果たした役割は、その称賛者たちが言うほど英雄的なものではなかったように見える。彼の行動を導いていたのは利害である。もちろん彼個人の利害ではない。国王が自己と同一視しているブルガリアという国家の利害である。国王の行動の動機となっているのは、彼が理解する限りでの国益であり、人道的な諸原則ではない。ところで、小国というものは大国と折り合いを付けねばならない。ヒトラーは強大であり、したがってヒトラーの要求はある程度受け入れねばならない。国王はブルガリアの兵士を誰ひとりとして戦闘に参加させないことに成功する（たとえブルガリア軍が、後にブルガリアに与えられると約束されている西トラキアとマケドニアを占領していても）。だが、ヒトラー、ヒムラー〔一九〇〇－四五、ナチス親衛隊（ＳＳ）全国指導者〕、リッベントロープからのもうひとつの切迫した要求はユダヤ人問題であり、これについては部分的に譲っても、他の要求については自分たちに有利にことを運ばねばならない。占領した両地方のユダヤ人は強制収容所送りにさせるが、「もともとのブルガリア領」のユダヤ人の強制収容所送りはさせない。彼らをソフィアから退去させ監禁はするが、ブルガリアの外に出すことはしない。一九六八年に自身が裁判にかけられた際の、ベッケルレの一連のできごとについての解釈もまたこのようなものである。ベッケルレが言うには、国王は西トラキアとマケドニアのユダヤ人の強制収容所送りについてベッケルレに同意を与えたが、「もともとのブルガリア領」のユダヤ人が強制収容所送りにならないようベッケルレにこっそり協力を求めてきた（ボヤジエフ p.72）。国王の政策は計算に基づくものであり、地上の強者をなだめようとするものである。この政策の結果として、ブルガリア、西トラキア、マケドニアにいたユダヤ人の五分の四の生命は救われたが、残りの五分の一の生命は犠牲にされた。

国王がブルガリア領のユダヤ人を断固として守ることを選択したのは人道的な配慮によってだろうか。あらゆることが示しているのは、ここでもまた、それがむしろ政治的な選択だったことである。一九四三年春には、ヒトラーの勝利はそれ以前のように確かなものとは思えなくなっていた。国王は、連合国軍との関係、とくにアメリカおよびイギリスとの関係を損ないたくないと考えた。アメリカとイギリスはこの時期に、両国がナチスのユダヤ人政策に反対だと伝えてきていたのだ。国内においても、国王は民心の動向を考慮に入れねばならない。一九四〇年一一月の国民保護法採決のおりにも、またさらに後の一九四三年五月のソフィアからのユダヤ人追放措置〔居住地指定〕のおりにも、公《おおやけ》に抗議が多数なされていた。国王はそうしたおりに、政府とは別の方策を取れるということを提示しようとしていた。どうして国王が一九四三年三月のドイツ訪問の時期に、またそれより後の時期に、ブルガリアのユダヤ人についてこれとは異なったふうに振る舞ったりするだろう。国王の振る舞いの背景には、ペシェフの行動があり、その行動は前例のないものだった。ペシェフの行動はまさしく王権に反旗を翻したフロンドの乱[19]と呼ぶべきものであり、多数派のあいだで発生し、多数派の代議士の三分の一がこの問題に関する政府の方針に反対の意志を表明するものだった。この目の前に現れた諸勢力間の新たな力関係を考慮に入れ、国王は爾後ブルガリア国内に居住するユダヤ人の強制収容所送りに反対しようと決意する。

この国王の決定がなければ、ユダヤ人たちはポーランドへの強制収容所送りになっていたかもしれない。しかしペシェフ、そして彼と同様の考えを持つ人々の行動がなかったなら、国王はおそらくそうした決定はおこなわなかっただろう。だからユダヤ人たちの生命を救った功績は誰のものかという当初の疑問への第三の答えに到達せねばならない。それはペシェフの行為を際立たせるものである。このような答えは、イタリア人のジャーナリストであり歴史家であるガブリエーレ・ニッシム〔一九五〇―〕が刊行した、ペシェフの伝記の体裁を取った最近の著作中で明瞭に発せられた〔本書六五頁「書誌説明」を参照〕。ニッシムが強調しているのは、ペシェフの行動が一九四三年のヨーロッパにおいては例外的なものだったことである。生命を脅かされたユダヤ人たちを救おうとしたのは彼だけではない。だが、そのために国会での合法的な活動を展開したのは彼だけである。彼はひとりの、あるいはふたりの個人を救おうとしたのではなく、ユダヤ人集団全体を救うために闘う。

実を言えば、ブルガリアでペシェフはまったく孤立していたわけではない。国会での討議、ユダヤ人たちの逮捕のおりに発せられた抗議の請願、電話による呼びかけ、個人的な働きかけは、それらを一つひとつの単位でみれば、抑圧的な機構が動き出すのを止めるのに十分ではない。しかし大量の抗議、働きかけが集中的になされたことにより、そうした動きは良好な質を、すなわち有効性を獲得する。そうした動きが大量に見られたことにより、全体の雰囲気が変わり、迫害が大手を振ってまかり通れなくなったのである。国王に対する数々の働きかけも、望んだ結果がすぐに得られるものではなかったが、重要なものだった。政府反対派の代議士たちによる良識への呼びかけは、民心に潜在的に作用していた。

とくに重要なのがブルガリア正教会の役割である。ブルガリア正教会が取る立場はどんどん強固になっていった。一九四〇年一一月一五日、国民保護法が提起されたおりの集会〔本書八三頁〕で主教たちが強調していたのは、ブルガリア正教に改宗したユダヤ人と他のユダヤ人の違いであり、彼らがとくに要求していたのはブルガリア正教に改宗したユダヤ人の保護だった。しかし、ブルガリア正教に改宗していないユダヤ人についても、主教たちはユダヤ人を彼らがユダヤ人であるという事実によって裁くのではなく、彼らの行為によって裁くようにと望んでいた（本書八五頁）。一九四三年四月二日に開かれた別の集会〔本書一三五頁〕では、国民保護法に賛成した主教たちでさえ、この法律の実際の適用のされ方に反対した。たとえばヨシフは次のように述べている。「キリスト教徒ではないユダヤ人に対する私たちの関係は、一般的道徳に基づく、人間と人間の関係でなければならない」（『生き残り』p.231）。別の主教クリメントが付け加える――ユダヤ人に対してこんな非情さで振る舞うなら、国家機構は、キリスト教的感情を損

19☆　フランスで一六四八年から五三年まで断続的に続いた反乱で、それまでルイ十三世とその宰相リシュリューに抑えられていた王族と大貴族が、両者の死によって即位したルイ十四世は未だ幼く、リシュリューの後を継いだマザランも外国人で人気がない状況を利用して、自分たちの勢力拡大を狙ったもの。最終的には国王ルイ十四世側の勝利に終わる。

ない、まるで共産主義者たちと同様の行動をすることになる。プロヴディフの主教キリル、そしてとくにソフィアの主教ステファヌが活発な動きを見せる。ステファヌは報告書を立て続けに送付する。国王は耳を傾けようとせず、首相は国家への反逆の罪で彼を裁判所に引き出すと脅す（本書一七一－一七二頁）。するとステファヌはブルガリア国内のすべての教会、すべての修道院の門戸をユダヤ人に開くと告知する。

こうした数多くの行為者のあいだにペシェフを位置づけねばならない。ペシェフが際立つのは、その行為が効果的だったからである。一八九四年生まれのこの弁護士は、一九三五－三六年に司法大臣を務め、次いで一九三九年からは保守的多数派の代議士、同時に国会副議長となった。彼は国会での審議のおりには国民保護法に反対せず、それからおよそ三〇年後、一九六九年から七〇年にかけて自らの回想録（本書一七九頁）を執筆した時点でも、国民保護法の採用に自分がかつて賛成したおりの論拠を、相変わらず正しいものと考えているのがわかる。一九四三年三月の行動の結果、彼は副議長の地位を失うが、代議士ではあり続ける。一九四四年末に、新たな共産党権力によって逮捕され、有罪を言い渡されるが、一九四五年末には牢獄から出される。ペシェフはその後一九七三年の死に至るまで、言わば国内で亡命者のような生活をおくり、滅多に自分の部屋から外に出ない。彼はその貴重な回想録のなかで、自身の経歴を通じて直面した公共生活に関わるあらゆる問題についての思い出と、それらに関する自分の意見を詳細に述べているが、その問題のひとつがユダヤ人への迫害のそれだった。このテキストには多くのことが書かれているが、そこには政治生活の民主主義的諸要素、議会主義、そして個人が享受すべきさまざまな自由の熱烈な擁護なども含まれている。これらは、それが書かれた時点での共産主義ブルガリアという文脈を考えれば極めて刺激的である。ペシェフはイスラエルの公的機関が認定した一三人のブルガリアの「義人」のひとりである。

さまざまな記憶は互いに相争う。過去における栄光に満ちた記憶、すなわち英雄としての記憶と、別の文脈においては犠牲者としての記憶、この両者は現在の時点では貴重な象徴資本を形成するからである。そうした象徴資本の形成の役割を自分のものにした人間には、威光、正統性、そして権力の増大がもたらされる。しかし、記憶は単にそこで、他者に対して優位を得ようとするそれぞれの人間の意志がぶつかり合う場所ではない。記憶はまた、真実の確立に対しても開かれている。ユダヤ人たちの生命を救うために共産主義者たちが貢献したという命題は、真実であるか偽りであるかのどちらかである。国王がユダヤ人全員を強制収容所送りから救うために最善を尽くしたという命題も、真実であるか偽りであるかのどちらかである。記憶が歴史となるのであれば、権力への意志同士の闘争は後景に退かねばならず、真実の探求にその場を譲らねばならない。真実の探求は決して完結することはないが、だからと言って、その探求を強く要求することが必要でなくなるわけではない。

Ⅲ　なぜ、そしていかにして

過去は正確に知られることを要求するだけではない。それはまた現在のための教訓を含んでいる——というのも、悪はわれわれの過去のみにあるわけではないからである。ブルガリアのユダヤ人たちの生命が救われたことは、あの暗い時代にあって、ユダヤ人の歴史の数少ない光に満ちた一ページである。それはまた、議論の余地なく肯定的な政治行為でもある。起きたことがらは十分例外的なものであり、われわれの注意を全面的に引くに値する。そうしたことが可能になった諸条件、またその立役者たちを動かした数々の動機をよりよく理解すれば、明日のわれわれがよりよく行動するための助けになるかもしれない。

一九四三年三月のブルガリアでは、首相のボグダン・フィロフだけが、ユダヤ人をポーランドの強制収容所に送ってもそれでユダヤ人の状況が急激に悪化することはないと考えていたように思われる。ユダヤ人の状況の悪化を喜ぶにせよ、あるいは嘆くにせよ、フィロフ以外の人間は彼とは逆の考えだった。情報は不明瞭で、大量殺戮の詳細は知られていなかった。今日から見れば戯言《ざれごと》と形容できるような噂

（たとえば電気ショックによる処刑といったもの）も駆けめぐっていた。しかしいずれにせよ、子ども、老人を含むユダヤ人家族がどのように逮捕され、扱われ、運ばれているかを見れば、また連合国軍のスポークスマンやスイスのような中立国の代表者たちが言っていることに耳を傾けるなら、ドイツが口実としている「労働力の必要」など、まったくの作り話であることを十分理解しえたし、誰もそんな作り話は信用していなかった。「それは彼らが死ににいくということですよ」（本書一一二頁）とスイスの代理大使シャルル・レダールは言明していた。誰もが彼らの運命について暗い予感を持っている、と多数派の代議士ディミタール・イコノモフは同僚のディミタール・ペシェフに言っている（本書二〇四頁）。ペシェフが国会に提出した集団的抗議の請願書では、「そうした措置は残酷なものであり、大量殺人を犯したという非難をも招き寄せかねないものです」（本書一一四頁）と述べられている。これこそまさしく、一九四三年三月時点で、ヨーロッパ各国の善意のひとが知りえたことである。しかし、不幸が自分の隣人を打ちのめすということを知ったとき、ひとはそれにどう反応するだろうか。何のために、そしてどのように。

先に見たように、最高権力を保持していた国王ボリス三世は、国益を考えて反応する。ユダヤ人の強制収容所送りは自分の国の評判、したがって、自分の国の運命にとって害になるかもしれないと判断した瞬間以後、彼は強制収容所送りに断固として、そして効果的に反対する。国王はその決心をするに当たって、おそらく道徳的・宗教的なさまざまの機関によって表明された同情を示す呼びかけの存在に安心させられていただろう。利害と美徳のこのような一致はとりわけ強固な結果をもたらす。しかし不幸なことに、こうした一致がつねに見られるわけではない。実際、当初において国王は明らかに、すべてのユダヤ人の生命を救うのは重要な国益に適うことではないと判断している。だから国王は最初に出発させられた〔マケドニアと西トラキアからの〕一万一〇〇〇人の強制収容所送りを許可する。最終的な根拠として国益のみを考慮に入れてみても、国益というものはしっかりした判断基準とはなりえない。国益を基準とするそうした方針は、「あるがままのよきこと」ではなく、「われわれにとってよきこと」という観念を採用する。

決定権を持たないが、それでも公共生活に関わる個人は、何らかの行動をする場合には法の名においてそうする。その法は文字に書かれた法律であることもある。たとえば、弁護士連盟、政府反対派の代議士たちは、憲法の条文のひとつを盾にとる。その条文〔第五七条〕によれば、あらゆる個人は法のもとに平等である。ブルガリア正教会の主教たちがその報告において思い出させるのは、「救い主にとって、われわれはその全員が同じ天の父の息子です」（本書八五頁）ということである。他の人々は自分たちが根拠とする法律の名を言えはしないが、打撃を被った人々の苦しみについて〔文字に書かれていない法に従って〕語る。彼らが行動するのは同情に動かされたからである。人間が原因で起きた苦しみを前にして、無関心で受動的なまま留まるわけにはいかない。そのできごとの進行中に主教ステファヌが書いた話を読み返してみよう。「彼ら〔ユダヤ人たち〕が置かれた状況についての、おぞましい、胸を抉《えぐ》るような情景が私の耳にも届いてきました。［…］ユダヤ人たちは非人間的なまでに残酷な取り扱いを受けていました」（本書一三九－一四〇頁）。この情景が展開していたのがまさしくブルガリア国内においてだったことを思い出そう。またユダヤ人たちを「このような目にあわせていた」のがブルガリアの警察官であり吏員であり、彼らが貨車に乗り込み、ユダヤ人たちに付き添っていたことを思い出そう。イコノモフはペシェフを訪問したおりにそうした情景に対する同じ反応を言葉にしている。「彼ら〔ユダヤ人たちが受けた虐待の目撃者たち〕は皆苛立ち、怒り、女であれ子どもであれ老人であれ、どこに連れていかれるかわからないこの多くの人々の悲劇的な運命に無関心ではいられなかった」（本書二〇四頁）。

ある瞬間に、あえて「反対」を唱える人間を動かすさまざまな動機の分析において、われわれをもっとも遠くまで連れていってくれるのはペシェフの回想録〔本書一七九頁〕である。まず思い出さねばならないのは、一九四〇年秋の時点で、ペシェフが国民保護法の採決に不都合を認めていなかったことである。彼は賛成票を投じる。彼が持ち出す論拠は国益である。ドイツ人に少しは譲歩せねばならない。なぜなら皆が知る通り、ブルガリアはドイツに依存しており、ユダヤ人を遠ざけることは権力を握っているナチスをあれほど喜ばせるのだから。その法律に実効性があるはずはないし、具体的には誰にも害を与えないだろう。ペシェフが一九四三年の最初の数ヵ月のあいだに意見を変えるのは、抽象的なことども（法律、規則、ユダヤ人）に代わって、実際に生きている個々の人々の顔が見え始めたからである。それらの顔には苦しみが浮かんでいる。出発点になったのは、イコノモフがペシェフにする話である。イコノモフは（まさしくペシェフが強調しているように）彼の政敵とも言える人間だった。この両者を近づけたのは、したがって何らかの政略ではなく、彼らがふたりとも「まともな〔公的な〕人間」（本書二〇四頁）であり、自分たちの当面の利害のゆえにではなく、彼らの確信の名において行動する用意のある人間であるという事実だった。それまで政敵であったペシェフにイコノモフが働きかける決心をしたということは、ペシェフにとってイコノモフの反応が真正なものであることを示していた。イコノモフがする話は抽象的なことどもについてではなく、また大仰な原理原則の繰り返しでもなく、個々の人々の具体的姿を描き出していた。「それは老人たち、女たち、子どもたち、男たちの姿であり、彼らは荷を負い、打ちのめされて、絶望し、助けを懇願し、無力で、徒歩で足を引き摺りながらいずことも知れぬ方向に向かって町を横切っていた」（本書二〇四頁）。西トラキアのユダヤ人が被った犠牲はしたがって、その兄弟たちを救うことになるだろう。なぜなら、ブルガリアの代議士たち、主教たちの良心を目覚めさせたのはこの犠牲者たちの苦しむ姿を見たことだからだ。

数日後、ペシェフは似たような一斉検挙が、自分を代議士として選出したキュステンディルの町で準備されていることを知る。彼が決心を固めたのはこのときである。その決心を述べる言葉にはおおいなる威厳がある。「私の人間的良心と、この一件に巻き込まれた人々にとっての運命、そしてわが国の現在及び未来の政治に関わる重要な結果についての私の見通しは、私に何も始めないでいることを許さなかった」（本書二〇五頁）。ペシェフはこの瞬間を、まるで自分を越えた力が彼の意志をすっかり捉えたかのように描き出している。実を言えば、すでに彼には選択の余地はない。もはやためらうことは許されない。強制収容所送りという行為は政府によって決定された。しかしそれは「書かれた法」をも、「文字にはされていない法」をも侵犯するものだ。「憲法に、通常法に、当たり前の道徳に、人間が持つべきあらゆる感情に背馳して結ばれたこの協定は、効力を持ちえなかったし、法的に言えば無効だった」（本書二〇九‐二一〇頁）。この瞬間以後、行動が必要になり、沈黙は絶えがたいものになり、市民的不服従が義務として課される。「沈黙したりすれば、私の良心に反することだろうし、代議士としての、また人間としての私の責任感にも反することだろう。（…）〔国会の〕多数派がこの問題について行動しなければ、多数派は憲法違反という重大な国家犯罪の共犯になってしまうだけでなく、それ以上の、通常の重罪とされる何万人規模の大量殺害の共犯となってしまうだろう」（本書二一〇−二一一頁）。一九四三年のこの時点でこのように語り行動したと誇りを持って言える国家指導者がどれほど存在していただろう。

権力の座にあった者たち、公《おおやけ》の人々の傍らに、国民大衆もいる。彼らは直接的に国の政治生活には関わらないが、それでも彼らの示す反応もまた重要である。ブルガリアの大衆が反ユダヤ感情を免れていたと想像するのはもちろん行き過ぎだろう。「戦闘者《ラトニク》」「防衛者《ブラニク》」「軍団兵」といった反ユダヤ団体（本書一三九頁注4）の存在、そしてユダヤ人問題局長であるアレクサンダル・ベレフのような高位の反ユダヤ主義運動家や、ユダヤ人の擁護者たち（たとえば、商人アセン・スイチュメゾフ（本書一七三頁））に攻撃を仕掛けてくるような底辺の反ユダヤ主義運動家の存在は、事態がその逆だったことをわれわれに示してくれる。「そこ〔レストラン〕の店員のポポフはユダヤ人に対し強い敵愾心を抱いていた。私を見ると彼は椅子を掴み、それが壊れるほどに私をそれで打ち据えようとした」（本書一七五頁）。このスイチュメゾフの証言は、ユダヤ人の擁護者たち自身も何がしかの差別の対象にされ苦しんだことをわれわれに明かしてくれる。近代ブルガリア国家が成立して以来、ユダヤ人の代議士も、ユダヤ人の大臣も、ユダヤ人の新聞経営者も、ユダヤ人の高級官僚も存在した例《ためし》がない…（本書九五、一八八頁）。それにもかかわらず、ブルガリア国民の大半が反ユダヤ感情に動かされていたとは言えない。そしてこの敵意の不在は、戦争の期間中ユダヤ人の生命が救われたことに間違いなく貢献している。

ユダヤ人に対して敵意がなかったことはどのようにして説明されるだろう。その理由のひとつは、ブルガリアではユダヤ人家族が他のブルガリア国民のただなかに分散して生活しており、空間的にも言語的にも孤立していなかったことである。ブルガリアのユダヤ人たちはゲットーに居住していなかった。

ブルガリアのユダヤ人のなかには、スペイン語系の言語を話せる者もいたが、その全員がブルガリア語を日常的に用いていた。ブルガリア人にとって、ユダヤ人を強力な悪の体現者として知覚することは難しかった。ユダヤ人が見せる馴染みの顔はそれとはまったく違ったものだった。「ブルガリアのユダヤ人の圧倒的多数は［…］零細な穀物商であり、街頭の物売りであり、小売商とその顧客であり、工員、召使であり、皆空腹に悩まされている給与生活者です」（本書七八頁）。「世界的搾取の張本人であるユダヤ人」といったヒトラー流儀の神話は、ブルガリアで受け入れられがたかった。

さらにこの敵意の不在にはふたつ目の理由がある。それはユダヤ人の性質にではなく、ブルガリア人の性質に由来するものである。ソフィア駐在ドイツ大使のアドルフ・ベッケルレはこのブルガリア人の性質について何度か語り、それによって自分の上司に、ブルガリアで反ユダヤ主義の炎が燃え上がらない理由の説明をしている。一九四三年六月七日付の報告書で彼は書いている。「私の強い確信によれば、首相と政府はユダヤ人問題を決定的に、また不可逆的に解決したいと望んでいます。しかし、彼らにはブルガリア国民の心性が足枷となっています。この国民にはわれわれが持っているようなイデオロギー上の明晰さが欠けているのです。アルメニア人、ギリシャ人、ジプシー〔ロマ〕と生活をともにしてきたブルガリア人は、ユダヤ人への特別な措置の決定を正当化しうるようないかなる欠点をもユダヤ人に見出さないのです」（『生き残り』p.259）。国民保護法の採決のおりに作家連盟が首相と国会議長に宛てて提出した請願は、違った観点から、ブルガリア国民の同じ性質について述べている。その請願によれば、「われわれの父親たちは、軛《くびき》のおぞましさをなまなましく記憶しています」（本書七一頁）。われわれとともに生きている人々を束縛し、さらには奴隷の身分に落とすような法律をどうしてわれわれが認められるだろう。

「軛《くびき》」という語も「奴隷」という語も、ブルガリアにおいては自動的に五世紀にわたるトルコ〔オスマン帝国〕による支配（一三九六－一八七八）を指し示す。このできごとは、国民に共通の記憶を、そして国民の性質に共通の痕跡を残さずにはいなかった。この期間、ブルガリア人は、オスマン帝国の他の少数派と同様の運命を分かち持った。ギリシャ人、アルメニア人、ワラキア人[20]、セルビア人、アルバニア人、ユダヤ人、ジプシーといった諸民族である。どの民族も、生き残るために、身を屈める術《すべ》、自分たちの誇りをひけらかさない術《すべ》、そして不幸の仲間たちとともに生きる術《すべ》を学ばねばならなかった。次いで解放がやってきた。もっともそれは第三者すなわちロシアによってある戦争[21]の結果としてもたらされたものであり、ブルガリア人自身によって獲得されたものではなかった。ブルガリア人の新たな国家には、昨日までの不幸の仲間たちがおり、さらに、数は少ないがトルコ人の少数派も加わっていた。このトルコ人たちはブルガリアを離れてトルコに移ることができなかった人々、またそうすることを望まなかった人々である。強烈な国民的自尊心はブルガリア人の特徴ではない。それについては本書の冒頭で述べたし、そのことは往々にして残念なことと考えられてきた。しかしこの新たな国家において、自国内にいる少数派に対してブルガリア人が比較的寛容であったのは、こうした弱さのおかげであり、そうした少数派のあいだに贖罪の山羊〔「身代わり」「生贄」を意味する聖書由来の表現〕を探し求めることを彼らが拒否し、他者に対する優越

20☆　ワラキアはルーマニア南部の地域名でルーマニアの現首都であるブカレストもこの地域に所在する。

21☆　「バルカン半島解放」を唱えてロシアが起こした一八七七年から七八年の露土戦争の結果、サン＝ステファノ条約（一八七八年）に基づいてブルガリアは自治権を獲得し、大ブルガリア公国として事実上独立した。

感を持たなかったのもこうした弱さのおかげであるように思われる。他者に対する優越感を持つことは、他者を服従させ、他者を除外することへの第一歩である。もちろん、自分が抑圧者にならないためには過去に犠牲者であったという経験だけでは十分でない。ときとして人々は、かつて自分たちが被ったことへの補償を現在において求めがちであるという印象さえ受ける。しかし、他者に対して自分たちの優越性を確信するという意味での国民的自尊心が不在であること、また自分自身に対して批判的眼差しを維持することは、他者を贖罪の山羊としたがる誘惑に打ち克つ免疫ワクチンとして作用するだろう。

最近の歴史的挿話がブルガリア人のこのような国民的特質を確認させてくれる。一九八〇年代にブルガリアの共産党権力がトルコ人少数派に対して迫害を加え始める。最初に取られた措置のひとつは、トルコふうの名前をブルガリアふうの名前に変えることだった。国民はこの方針に積極的に賛成するどころか、むしろそうした措置によって権力からの離反の動きが引き起こされた。他のいかなる原因も、このような反応を引き起こしたことはかつてなかった。公《おおやけ》の自由の剝奪も、経済的悲惨もそうした反応は引き起こさなかった。ところが、ある少数派がひどい扱いを受け出すと、ブルガリアの他の市民のあいだに、自分たちが迫害されているわけでもないのに、あえて「反対」を唱える集団が姿を見せたのである。

以上のことが、このまれにして貴重な植物としての政治上の善が根付いた土壌である。さて、ここからは、それらの行為のありようをより近くから観察していこう。誰がそれらの行為を成功させたのだろう。

どのような観点から観察をおこなうかによって、この問いに対する答えは違ってくる。まず、一方の端から始めてみよう。ユダヤ人の強制収容所送りにきっぱりと反対の意志を固めて以後、国王ボリス三世はこれ以上ないほど適切な方法を用いる。自分の廃位を引き起こしかねないような、ドイツ当局との正面切っての対立に乗り出すことなく、国王は彼らを漠然とした約束で安心させ、いくつもの障害を設けて強制収容所送りを邪魔する。ソフィア駐在ドイツ大使ベッケルレは最終的に国王を攻撃するのではなく、自分を派遣している政府に対し国王を弁護するようになる。自分の顧問官、属官、あるいは大臣たちや代議士たちに対して、国王は慎重な態度を示し続ける。彼らの誰ひとりとして、国王の内心の意向を正確に知っていると自負できる者はいない。ユダヤ人組織の代表者たちに対して国王は礼儀正しい態度を取り続けるが、また距離も取り続ける。国王は彼らを安心させるが、一般的な物言いを越えて語ることはない。国王はすべてを管理しているが、前面には出ない。そのような安易な満足感に浸る役割は大臣たちに任せ、自分は表に出るより陰に隠れ続けるほうを好む。彼のこのような姿勢を特徴的に示しているのは、一九四三年五月二〇日、ブルガリアのユダヤ人への国外追放命令をソフィア外の国内の追放命令に変更した国王が、その直後から狩に出かけたことである。彼が狩に出かけた後数日間、政府の事務当局は大混乱に陥る。しかし国王とは連絡が取れない。そしてこのことは確認しておかねばならないが、事態はまさしく国王が望んだように展開した。

通常の公的人物は国王と同じように振る舞う可能性を持たない。彼らは影響力を行使して、事態が自分たちに有利に運ぶよう努めるしかない。しかし結果は往々にして期待外れのものである。たしかに国民保護法案は多くの人々の良心を目覚めさせた。多くの職業団体（弁護士、医師、作家、画家、あれこれの職人の団体）は、その抗議において皆等しく節度ある言葉遣いを用い、自分たちの愛国心を強調することを忘れていなかった。法律家たち、代議士たち、政治家たちは、正当にも、新たな法律は良心が命じるところに反するだけでなく、憲法の文面にも背馳することを思い出させた。しかし、それらは何の役にも立たない。主教たちは公的人間として、この法律の精神とキリスト教の精神のあいだに衝突が生じていることを示そうと努力する。しかし、彼らに礼儀正しく示唆されるのは、余計なことに首を突っ込むなということである。ジャーナリストのディモ・カザソフは首相フィロフに宛てた公開書簡でおいなる勇気と知性の証拠を示している〔本書八七頁〕。それでもこの法律は可決され、執行される。麗しき魂は無力であることが明らかになる。もちろんそのことは、彼らの行為が何の影響も及ぼさなかったことを意味しない。だが、この時点においてその影響は潜在的なものに留まる。

次に姿を見せる危機、すなわちユダヤ人の強制収容所送りの際にも事態は変わらない。公的人物たち、ブルガリア正教会の高位聖職者たち、政府反対派の代議士たちの抗議は何の結果ももたらさない。だが例外がただひとつだけあった。この例外は大きなものである。その事実によって、この例外は時間をかけて検討するに値するものとなろう。それはペシェフの行動である。ペシェフの行動が例外的なのは、この立役者が、政府の命令にではなく自分の良心に従ったことでもなければ、自分の不服従が含意する危険を引き受けたことでもない。彼の行動を類例のないものにするのは、それが成功したことである。

ペシェフの行動にはいくつかの段階がある。最初の段階は一九四三年三月九日の内務大臣ペタル・ガブロフスキへの働きかけである〔本書二〇六－二〇八頁〕。ここで成果をもたらすのはペシェフの執拗さであり、彼の断固たる態度である。実際、面会の当初、ガブロフスキは一斉検挙のいかなる命令も出されていないと言い張る（結局これは国王の戦術に似た戦術である。対話者のそれぞれに、その対話者が欲していることを言うのだ）。なぜ強制収容所送りが停止されたのか。それは、ペシェフ、ミカレフ、イコノモフを始めとする代議士たちが、逮捕されたユダヤ人たちの解放を自分たちの面前でガブロフスキが命じるまでガブロフスキのオフィスを離れようとしなかったからだ。この情景は多分素朴なものという印象を与えるかもしれない（訪問者たちがオフィスを去った後、ガブロフスキは別の命令を出せなかっただろうか）。だが人間と人間との、この直接的な、肉体と肉体が直に対峙したときに生じる相互作用は重要である。ペシェフとその友人たちの執拗さが成果をもたらす。

しかし、まだ最終的に何も決着はついていない。ガブロフスキは当面譲歩したが、方針を再変更しうる。そして彼の後ろには、権力に取り憑かれ、譲歩することを嫌うフィロフがいる。回想録を読めばわかるが、ペシェフは彼の最初の働きかけに続くこの時期の重要性をしっかり意識している。「それゆえ私は行動することにしたのだが、どのように行動すればよかったのだろう」（本書二一〇頁）。それからペシェフとフィロフというこのふたりの恐るべき敵対者のあいだで、政治的チェスの幕が切って落とされる。

ペシェフは明晰に状況を分析している。すばやく行動せねばならない。彼は政府によるひとつの行為を中断させた。だがその行為の原因、すなわち政府による決定は無傷のままである。公《おおやけ》の抗議は効果的でない。そうした抗議は、国益を理由として退けられるかもしれない。だから政府の態度を変えさせねばならない。そんなことが誰にできるだろう。ペシェフ自身が国王に直接話しかけることはできないので、彼が用いうる場はひとつだけである。それは国会である。ペシェフ自身その副議長であり、そこには自分の友人たちもいるから、まさにお誂《あつら》え向きの場所である。合法的手続きにこだわるペシェフの考え方、たとえば議会のような民主制の諸要素への愛着が、この道を進むようペシェフに促す。だが、これからおこなう行動に対して信用が失われることがあってはならない。ペシェフはここで第二の決定的な戦略上の選択をする。彼は政府の反対派に属する何人かの代議士〔ニコラ・ムチャノフ、ペトコ・スタイノフら〕からの協力の申し出を断る。政府の選択に反対する行動は、その政府を生んだ多数派の代議士たちだけによってなされねばならない。強制収容所送りに反対する多数派の代議士たちは、政府が掲げているのと同じ目標、同じ全般的な政治の名においてこそ行動しているのだ。その代議士たちは政府の政治路線を変更させようとしているのではなく、この特定措置の決定が政府の政治路線に役立たないことを政府に示そうとしているだけなのだ。まずこの点を明瞭にしておかねばならない。ペシェフの考えでは、そのようにすることによってのみ、自分たちの行動には成功の見込みがあった。

したがって、ペシェフはただちに首相に宛てた請願を執筆し、その直後の三月一五日の議会における集会で、多数派に属する他の代議士たちの署名を集め始める。一七日、すでに四二人の署名を集め、それに自分の署名を加えたペシェフは、白日のもとに自分たちの姿をさらすときがやってきたと判断する〔本書一一一頁〕。ガブロフスキへの働きかけをおこなった日から一週間後のことだった。ペシェフは自分のしたいことを国会議長クリスト・カルフォフに打ち明け、議長は彼の話を聞いた後首相に会いにいく。

首相フィロフが姿を見せるのはこの瞬間である。ペシェフはフィロフよりずっと先に行動を始めており、この時間差を有効に用いる。だから、四三人の議員によって署名された請願の存在を三月一八日に知ったフィロフは、まず時間稼ぎの措置を提案する。これによって彼は反撃を整える時間が持てるはずだった。フィロフの要求はまず、ペシェフが書いた文書を公《おおやけ》にしないこと、そしてペシェフはそれを次回の多数派の集会に提示することで満足すること、というものだった。このメッセージを受け取ったペシェフはその内容に疑念を持つ。どうしてさらなる遅滞が必要なのか。フィロフはこの文書が公《おおやけ》にされるのを恐れているに違いない。であってみれば、彼の弱みに付け込まねばならない。翌三月一九日の朝、ペシェフは請願書を規定に則った形で正式に首相に送付し、それを公《おおやけ》にする。たしかに、ことを急いだので、さらに追加しえたかもしれない何筆かの署名がそこには欠けていた。

今度はフィロフが反撃にかかる番である。彼は国王の秘密官房長と相談し、自身の戦略を練り上げる。ユダヤ人問題についての討議を許せば、多数派内部の意見の分裂が白日のもとにさらされる恐れがあるのでそれはおこなわず、フィロフは政府の全般的な政治についての信任投票を要求することにする。そのようにすれば勝てるだろうと彼は確信していた。「私は投票以前に、政府に対する信任投票は完全で全面的なものでなければならず、政府の方針のある点について信任し、他の点について忌避するなど考ええないことだと明瞭にしていたからだ」（フィロフ、一九四三年三月二四日付の『日記』。本書一二五－一二六頁）。そうするあいだにも、ペシェフを孤立させるために、フィロフは請願の署名者のそれぞれに署名を撤回するよう要求する。そしてついに、自分に忠実な多数派の代議士のひとり〔アタナス・ポポフ〕に、国会においてペシェフに対する解任決議を提案するよう、またペシェフに対し国会副議長職からの辞職を働きかけるよう示唆した。すでにユダヤ人問題についてペシェフと同様の立場を採用していた国王は、いつもの習慣通り、内心で決めている方針についてまったく仄めかさない。「国王は多数派がペシェフに対して非難決議をおこなうこと、そして彼をこれ以後、害をなせる状態にしておかないことに同意した」（本書一二四頁）とフィロフは自分の三月二三日付の日記に記している。

したがって、フィロフは自分で事態を引っ張ろうとした。そしてすべては彼の思惑通りに展開すると思われた。しかし、彼にとっての最初の躓きは、請願への四二人の署名者のあいだに、署名の撤回を拒む者がいたことである。三〇人は自分たちの最初の方針を堅持する。一方、多数派内部でおこなわれた三月二四日の集会では、ペシェフを含む全員が政府を信任する投票をおこなう（ペシェフは政府を失墜させようとは意図していなかった。彼は政府の政策を変更させようとしただけであり、そのことに彼は成功した）。しかし国会副議長としてのペシェフへの非難決議では、多数派の代議士たちはまたもや分裂する。六六人は賛成するが、三三人が反対し、一一人は棄権する（「書簡〔=請願〕に署名した彼の友人たちは、彼を見捨てることなどできなかったからだ」とフィロフは三月二四日の日記で説明している（本書一二六頁））。

このときペシェフは新たな手札を切り出す。彼は辞職を拒否する。フィロフはその晩、ふたりに共通の友人である司法大臣〔K・パルトフ〕をペシェフのもとに遣わし、この大臣を介して、辞職と、新たな侮辱の回避を促そうとする。しかしここでもまた、ペシェフはきっぱり拒絶する。自ら進んで辞職すれば、自分が誤りを犯したと認めることになってしまうだろう。それどころか、彼は、事態はまったくその反対だと確信しているのである。ペシェフは自分がこれほど、自分の権利にふさわしい地位にあると考えたことはそれまで一度もなかった。「私は〔…〕自分の代議士としての義務を果たしたという揺るぎのない確信を持っていた」（本書二二七頁）。翌三月二五日、フィロフを支持する代議士たちは、国会に自分たちの意志を力ずくで押しつけた。そして解任決議が可決され〔三月三〇日〕、ペシェフは罷免された。彼に発言の機会は与えられなかった。フィロフはつまらない自尊心争いに勝ち、自分の敵手に勝利した。しかしその敵手のほうは、そもそも完全な勝利など目指していなかったし、その手段も有していなかった。だが、結局のところ、勝利したのはもちろんペシェフである。ユダヤ人の強制収容所送りは中断され、その後再開されることはないだろう。ペシェフは多少の個人的屈辱を被るが、それが支払うべき対価であるのを知っており、それゆえ満足を見出せる。「だから私は完全に満足していた。比較すれば、この一件で私が味わった個人的な失望、私が個人的に被った困難などは何ほどのものでもなかった」（本書二三二頁）。

ペシェフには誇りを抱く理由があるし、その誇りはブルガリア国民にはあまり見出されない傲慢さとはまったく違ったものである。傲慢さとは自分に対し、他者に対するよりも多くの権利を与えることである。誇りとは自分に対し、他者に対するよりも多くの義務を課すことである。ペシェフと、彼の近くにあって正義のために闘った人々の行動は、諦めて自分の運命に身を委ねるしかない出口なしの状況など存在しないことを示している。彼はおそらく、ナチス権力の支配下にあった一九四三年のヨーロッパにおいて、低劣さに抗し、ユダヤ人への迫害をやめさせる結果にたどり着いたただひとりの国家指導者である。もうこれ以後、誰も次のようなことを言わないでほしい。私はそんなことは知らなかった、私はそんなことをしてはならなかった、私にそんなことはできなかった…

ペシェフを他の勇気ある人々、寛大な人々と区別するのは、したがって、彼の良心ではなく、彼が取った戦略である。彼はある特定の状況下において、自分の設定した目的に到達するためになすべきことをなした。公《おおやけ》の抗議、そして彼が引き起こしてみせた多数派の内部における反乱は、一九四三年のブルガリアにおいては適切なものだった。同じ方法を用いても、他の状況においては、結果は空しかったかもしれないし、さらに言えば自殺行為だったかもしれない。一九四四年九月九日〔祖国戦線によるクーデタ〕の直後より、不同意を表明することはどんどん危険なことになっていった。以下がその顕著な例である。大戦中、ニコラ・ペトコフ（一八九二―一九四七）は議会外の政府反対派の首領のひとりであり、反ファシストの非合法組織である祖国戦線[22]の構成員だった。だが、彼は共産主義者ではなかった（彼は農地均分主義者の政党〔農民同盟〕に属している）。この資格で、ペトコフはソフィアのユダヤ人の地方追放に関する国王に宛てた抗議文に署名する（本書一四六頁）。その振る舞いのゆえに彼に危険が及ぶことは一度としてない。そして九月九日より後に、彼は再び権力に反対する立場に立つ。共産主義権力に対立する民主主義者の立場を堅持したのである。だが共産主義権力は以前の「ファシズム」権力が示したような寛大さをすでに持ち合わせていない。ペトコフは逮捕され裁判にかけられ、処刑されるだろう。彼が属していた政治集団は解散させられ、活動を禁じられる。ペトコフはペシェフがしたこと以上のことをしたわけではない。彼は政府のいくつかの行為を批判しただけである。しかし九月九日以後のブルガリアは全体主義体制に落ち込んでいた。それ以前の治世、国王ボリスと首相フィロフの治世はあきらかに全体主義体制ではなかった。全体主義体制においては、議会による活動はもはや適切なものではない。政府からの離反者は議会以外の活動の道を見出さねばならないだろう。

　ブルガリアのユダヤ人の命を救うというこの議論の余地なく称えるべき行動について省察するならば、どの行為者も、どの要素も、それだけで善がなし遂げられるには不十分だったと気づかされる。彼らの行動が合わさったとき初めてそれが可能になった。誰かひとりの個人を名指して、彼を「至上の英雄」「悪を勇敢に打ち破った者」と明言できれば嬉しいだろう。しかし実際は、その功績は複数の人間が分かち持つものである。国王は世論による促し、自分の周囲にいる多くの人物の介入なしには、強制収容所送りを中断できなかっただろう。良心のひと、勇気のひとであるスタイノフ、カザソフ、ステファヌ、キリル、イコノモフ、ペシェフがいかに努力しても、もし国王が彼らの側に立つ決心をしなければ、空しい結果に終わっていただろう。そして、彼ら自身も、ブルガリア国民のほとんどが彼らの選択を支持していると感じることができなければ、彼らが行動したようには行動しえなかっただろう。ほとんどの国民は反ユダヤ主義的なさまざまな措置を嫌っていた。だが、もしリーダーがいなかったなら、すなわち自分たちのただなかにあって責任を果たそうとする人々、主教たち、代議士たち、自分の行為がもたらす危険を引き受けようとする公的人間がいなかったなら、国民は無力な者として留まっていただろう。ある場所で特定の瞬間に善が到来するには、こうしたことのすべてが必要だったのである。繋がった鎖に少しでも欠損があればあらゆる努力は無に帰していたことだろう。公共生活に悪がもたらされれば、その悪はたやすく広がる。これに対し、善は困難で、まれで、もろいものとして留まる。しかしそれでも、善は可能なのである。

22☆　一九四四年に農民同盟左派とブルガリア共産党が合体して創設した組織。

Ⅳ　書誌説明

ブルガリアのユダヤ人迫害に関わる数多くの資料はブルガリアのユダヤ人文化教育社会組織の『年報 *Godishnik*』に一九六六年以来掲載されている。

偏向してはいるが、便利なテキスト選集が『生き残り *Oceljavaneto*』という標題のもとダヴィド・コヘン編で出版されており（Sofia, éd. Shalom, 1995）、各テキストには英語の要約が付されている。特別の言及がない場合、われわれが本書で用いるテキストはこの選集から引かれている。テキスト中に見られる省略記号（…）の大部分は、このもともとの選集の編者によるものである。

首相ボグダン・フィロフの日記の抜粋〔本書一一九頁〕は、以下の書籍からのものである。ボグダン・フィロフ『日記 *Dnevnik*』(Sofia, Ot. front, 1990)。

ディモ・カザソフの回想〔本書一五六頁〕は彼のいくつかの著作から抜粋されたもので、その書誌情報については本書一五三頁に記す。

ディミタール・ペシェフの回想〔本書一七九頁〕はブルガリア国立文書館に保管されている手稿から翻訳され

たものである。ブルガリア国立文書館の好意によりわれわれはこの文書を利用できた。ここに同文書館に対し謝意を申し述べておきたい。

ブルガリア語からフランス語への翻訳については、ペシェフのテキストはイレーヌ・クリステヴァによって、他のすべてのテキストの翻訳はマリー・ヴリナト＝ニコロフによってなされた。

ブルガリアのユダヤ人問題についての基本的歴史図書は、その刊行からかなりの時間が立つものの、今でもやはりフレデリック・B・チャリーの『ブルガリアのユダヤ人と最終解決—一九四〇‐四四 *The Bulgarian Jews and the Final Solution, 1940-1944*』（Pitsburgh, University of Pitsburgh Press, 1972）である。

この主題を扱ったそれ以外の多くの書籍のうち、私が利用したのは他にフリスト・ボヤジエフの『第二次大戦中のブルガリアのユダヤ人の救命 *Saving the Bulgarian Jews in World War II*』（Ottawa, Free Bulgarian Center, s.d.）と、リリアナ・デヤノヴァの論文「ふたつの小さな事例 Dva malki kazusa」『高校歴史教科書の書き換えについて *Prenapis-vaneto na uchebnicite po istorija*』（Sofia, Institut za socialna kritika, 1994）、そしてフランソワ・フリゾン＝ロッシュの論文「ブルガリアにおける過去の管理 *La gestion du passé en Bulgarie*」（未刊）であり、また、ガブリエーレ・ニッシムの著作『ヒトラーを止めた男 *L'uomo che fermo Hitler*』（Milan, Mondadori, 1998）はペシェフの役割と運命に新たな、そして豊かな照明を与えている。

二　資料：ブルガリアにおけるユダヤ人救出

Ⅰ　排除

この章の「Ⅰ」「Ⅱ」「Ⅲ」に集められた資料は一九四〇年から四三年に書かれたものである。それらは三つに分かたれており、第二次大戦期間中にブルガリアのユダヤ人たちが経験した三つの重要なできごとに対応している。「Ⅰ」は一九四〇年末に、ひとつの法律を手段としてなされた彼らに対する「排除」であり、「Ⅱ」は一九四三年二月から三月にかけてなされた彼らに対する「強制収容所送り」の試みであり、「Ⅲ」は一九四三年の夏のあいだになされた彼らに対する首都ソフィアからの追放と「居住地指定」である。

最初の「Ⅰ」の部分に収められたテキストは、国民保護法案に対する反応に関係する。この法案を作成したのは内務省であり、これにおもに携わったのが後のユダヤ人問題局長アレクサンダル・ベレフである。ベレフはこれに先立って、ドイツの人種法を学ぶためにドイツに派遣された。この法案は、最初、内務大臣ペタル・ガブロフスキによって一九四〇年一〇月八日の記者会見で発表された。その後国会に上程され、一一月一五日、一九日、二〇日に最初の審議がおこなわれ、一二月二〇日と二四日には二度目の審議がおこなわれた。

法案が発表されると、多くの抗議が沸き起こった。以下、わずかではあるがその見本を示す。抗議はさまざまな職業団体や、ユダヤ教中央長老会議、ブルガリア正教主教会議からのものである。一般市民や政治家たちも、国会宛に、また政府宛に抗議の書簡を送付した。しかし、法案は可決され、一九四一年一月二一日に公布された。

（ツヴェタン・トドロフ）

1　作家たちの請願書

ブルガリアの作家たちによる首相と国会議長宛の請願

一九四〇年一〇月二二日

職務執行者殿

下記署名のブルガリアの作家たちは、あなた方に対して以下の請願をお送りするのが適当と判断いたしました。

先立つ一〇月八日に、内務大臣による声明が発表され、政府による国民保護法案の国会提出が判明いたしました。声明によれば、この法案はこの国のある少数派に対する、公民権の剝奪を目指すものだということです。

このような法案がブルガリアにおいて必要だとされたという考えに、われわれは驚き、さらには狼狽しております。なぜなら、わが国民はいかなる人間からも攻撃されていないし、傷つけられていないと思われるからです。

われわれが考えるに、このような法律はわが国民にとってまったく有害なものになるでしょう。

わが国の立法は、ブルガリア国民の一部を奴隷の身分に落とすような法を、成立させるべきではありません。もし成立させたならば、そのような法律はわが国の現代史の暗黒のページとして後世まで残り続けるでありましょう。
ブルガリア人共同体は、その歴史を通じて、迫害と恥辱を受け続けてきました。われわれの父親たちは、軛《くびき》のおぞましさをなまなましく記憶しています。われらが詩人の言うように、われわれには依然として「鞭による傷、われらに負わされた重荷の痕跡…」[1]が眼前に見えます。

だからと言って、われわれもまたこうした残酷な振る舞いを模倣しなければならないのでしょうか。われわれもまた危険な道に踏み込んで、文化を持ち自由である国民としての自身を否定せねばならないのでしょうか。

われわれは、わが国民のある特定の少数派を擁護しようとするものではありません。われわれが目的とするのはむしろ、文明世界におけるわが国民の良好な評判を守り、法律の制定に関係する人々に、わが国の威光とわが国が獲得してきた宗教的・人道的寛容という伝統を毀損するこのような法律を認めないよう警告することです。

ブルガリアの文化とブルガリアの名声の名において、われわれはこの法律の制定を防いでくれるようあなた方にお願いいたします。この法律がもたらすであろう悲しむべきさまざまな結果は、わが国の立法を辱めるでしょうし、このうえなく陰鬱な記憶を残すことになるでしょう。

われわれの衷心からの敬意の表明をご嘉納くださるようお願い申し上げます。

1　国民詩人イヴァン・ヴァゾフ（一八五〇－一九二一）のある詩の抜粋。

T・G・ヴライコフ、エリン＝ペリン、S・チリンギロフ、K・コンスタンチノフ、ニコラ・フィリポフ、クリスト・ツァンコフ＝デリジャン、リウドミル・ストヤノフ、グリゴール・チェクメジエフ、ミンコ・ゲノフ、トリフォン・クネフ、E・バグリャナ、ムラデヌ・イサエフ、P・ゴリアンスキ、ニコライ・リリエフ、ミロスラフ・ミネフ、Vl・ルサリエフ、I・ヴォレーヌ、D・B・ミトフ、N・ジェロフ、N・P・イコノモフ、アナ・カメノヴァ[2]

2　このリストには当時有名だった作家たちが名を連ねているが、共産主義者の作家たちの名はない。このテキストを執筆したのはグリゴール・チェクメジエフ〔一八七九－一九四五〕らしい。

2　弁護士たちの請願書

ブルガリア弁護士連盟の執行部による国会議長宛の請願

一九四〇年一〇月三〇日

国会議長殿

ブルガリア弁護士連盟は国民保護法案が作成されていることを知り、驚愕いたしました。私どもは閣議によって決定された法案の文章は手にしておりませんが、その法案が意図するところは内務・保健大臣よってなされ、最近の一〇月九日の各日刊紙によって報道された諸声明によって十分明らかになっております。(…)

内務・保健大臣による諸声明には、わが国になぜこのような法が導入される必要があるのかについてその理由が何ら示されておりません。逆に、それらの声明から私どもが知ったのは、内務・保健大臣が次のような確信をお持ちだということです。「ブルガリア国家とブルガリア国民は、その国民的性質を公平無私なものとして保全しようと一貫して努めてきたし、そして重要なことだが、その保全に完全に成功してきた。ブルガリア国家はまったく国民的であり、わが国民はその純粋さをヨーロッパでは滅多に例を見ないほどに保全してきた。」であってみれば、つまりブルガリア国家が完全に国民的なもので、わが国民がその純粋さを保全してきたのだと（おそらくは閣議の決定に従って）大臣ご自身が言明されるのであれば、いったいどのような国民的な必要があって、ブルガリア国民の一部分に対する権利の制限や、その人々を道義的に貶めるような法の制定を正当化すると言うのでしょうか。ブルガリアのユダヤ人は、ブルガリアの経済も文化も、またブルガリア国民の純粋さも脅かしてきませんでした。ユダヤ人がわが国の文化・政治・経済生活に特別な影響力を行使していると主張するのはまったくの誤りでしょう。他方、ユダヤ人が、わが国の他の国民たちと比べ少なくとも同程度に義務を果たしていないと主張するのもまったく不当でしょう。以上が、ブルガリア国家の利害やブルガリア国民の利害の観点から見て、ブルガリアのユダヤ人少数派に対してこれほど制限的で屈辱的な諸々の措置を取ることに、いかなる正当化も見出しえない理由です。そのような措置は、単に正当化されえないだけでなく、ブルガリア人の民主主義的で自由な精神とも矛盾します。ブルガリア人は、オスマン帝国の軛《くびき》、苦い思い、不幸、不運、不正が続いた長く苦しい期間を通じて、ユダヤ人を敵、あるいは専制者と見なしたことは一度もなかったのです。

また、この点に関して言及しておくべきは、現在、ブルガリア人の少数派が国外の強国に従わされていることであり、わが国民はそうした少数派を襲っている苛酷な運命がいかなるものであるかを苦しみと怒りをもって確認していることです。[3] 外国に従わされている彼らを擁護しようとするわれわれの配慮、われわれの闘いは、もしわが国の領土内において、国民の一部が権利の制限を被り、恣意的な措置の犠牲者となるのをわれわれが受け入れたとするなら、その配慮、闘いの法律的・道義的根拠の多くを失うことになるでしょう。

最後に私どもが言明せねばならないのは、職業上のいかなる斟酌も、私どもの同僚であるユダヤ出自の弁護士たちに対し、何らの制限を強《し》いるものではないということです。彼らは全体的に見て、われらが職業集団の瑕疵のない構成員であり、弁護士としての職業的・道義的義務を一貫して果たしてきました。以前から彼らは、私どもの組織、団体の執行部に定期的に選出されており、選出された人々は任された地位を勤勉かつ立派に務めてきました。ですから私どもは、ユダヤ人弁護士の権利を制限するいかなる試みにも断固として反対いたします。この種の措置は、私どもの職業の発展にとって絶対的に有害です。

さらに、以上のこととは無関係に、私どもブルガリアの弁護士にとって、以前も今ももっとも大事なものであり続けているのは、問題の法的な側面です。今回の法案は、わが国の基本法に対する新たな攻撃に他なりません。ブルガリアの憲法がとくに注意を払って禁じているのは、ブルガリア国民を上級市民と下級市民に分けることです。あらゆるブルガリア国民は法のもとに平等です（第五七条）。あらゆるブルガリア国民は政治的諸権利（選挙権を持ち、被選挙権を持ち、公職・軍職に就ける等々）を享受します。われわれの王国に生きるあらゆる人々は公民権、すなわち民法に記されたあらゆる権利（第六〇条）を享受します。われわれの基本法のこうした条文（また他の多くの条文）が、先に述べたような、ブルガリアのユダヤ人少数派に対する権利の制限とどうして両立しうるのでしょう。このような法律の制定がわが国の憲法に違反するのは明らかであり、そうした違反はわが国の大臣が望むべきことでも、

3　西トラキア地域及びマケドニア地域への仄めかし。この両地域の人口の一部はブルガリア系だったが、両地域は当時それぞれギリシャ、ユーゴスラビアの領地だった。

またわが国民の代表者が許容すべきことでもありません。なぜなら閣僚も代議士も、憲法を保全し擁護する誓約をしているからです。

以上、私どもの考えを述べさせていただいたうえで、国会の皆さんにはただちにこの法案を廃棄するようお願いいたしたく存じます。それは無益で、社会的に有害であり、わが国の法秩序と正義に反するものです。

国会議長殿、私どもの敬意の表明をご嘉納くださいますようお願い申し上げます。

ブルガリア弁護士連盟執行部
会長　P・ボヤジエフ
書記　N・ライチェフ

3　ジャーナリスト、クリスト・プネフ[4]の公開書簡

有力者数人の署名を添えた、代議士たち宛の書簡

一九四〇年一一月一日

代議士の皆さんへ

代議士として皆さんは法的・道義的義務を有しておられます。それは憲法を擁護するという義務です。それは議論の余地なき義務です。そのことを皆さんは完全に、そして私などよりもずっとしっかりとご存じのはずです。ですから、本日皆さんに私が呼びかけをおこなうのは、ただひとつの目的によるものです。それは皆さん、そして取るに足らない人間である私が、いくつかの真実を思い起こすためであり、行政の管轄下にある私の行為が、そして行政を司っている皆さんの行為が、憲法に背くことなどありえず、ありうべきではないという理由によって、私も皆さんも意識的に引き受けるべき義務を思い起こすためです。（…）

ですから、ブルガリアの憲法から抜粋されたテキストを読み返し、自問し、誠実なブルガリア人として応答しなければなりません。「なぜ、われわれはユダヤ人をブルガリアの法の保護から外すのだろう

4　クリスト・プネフはジャーナリストであり、政治家である。

か。」皆さんには、非人間的で、反文明な、根拠のない、ブルガリア人の共同体を恥辱に陥れるような法案を可決する前に、これほどに堅固なブルガリア国民の多様な要素からなるわが国の歴史を思い起こしていただかねばなりません。（…）

さまざまなところで、事情に通じていない公衆の口から毎日のように聞かれるユダヤ人に対する非難のひとつは、彼らが「投機」に耽って「犯罪」を犯しているというものです。経済の領域ではひとつのことが真実として認められています。「商売に携わる人間は誰でも投機をする。」投機をするというのは、生産者から一キロのトマトを買い、それを自分の仲間に、ソフィアで五倍の値段で売ることです。投機者が問題だとされています。獰猛な投機者は、あらゆる民族のあいだに見られます。不作法で無情な投機者はユダヤ人のあいだにも、ブルガリア人、フランス人、ドイツ人、イギリス人、イタリア人のあいだにもいます。投機をおこなう資本に、拠点となる祖国などないのです。獰猛な投機者たちは、わが国で、消費者から彼らの最後の食糧を取り上げます。ところで、どれほどの投機者がユダヤ人たちのあいだにいるでしょう。ブルガリアのユダヤ人の圧倒的多数は労働者です。零細な穀物商であり、街頭の物売りであり、小売商とその顧客であり、工員、召使であり、皆空腹に悩まされている給与生活者です。昨日、そして今日、皆さんは首都の大通りでユチュブナール地区[5]の子どもたちとすれ違いませんでしたか。子どもたち、そして生徒たちとです。ユダヤ人の子どもたちは空腹を抱え、黄色い顔をして、痩せて、ぼろを着て、「キリルとメトディオス」の祭日を祝ってブルガリア人の子どもたちと行進しています。皆さんは彼らがとても弱々しい肺を使って、かすれた声で、でもとても元気に、「おおドブルジャ」や、ブルガリアの神髄を示すあらゆる歌を歌うのを聴いたことはありませんか[6]。

明日にはブルガリア国民の一部を構成するあの子どもたち、あの無垢な魂たちのために、皆さんは今日、「国民保護」のための法によって、彼らの父親の家に困難と恐怖の種を播こうとなさるのでしょうか。七〇〇万の人口を有するわが国が、国家のいかなる要職にも就いていないわずか四万五〇〇〇人のユダヤ人の裏切りを恐れ、例外的な法、すなわち通常の法律や政令よりも強力な法を作らねばならないことを私は残念に思います。背信や君主への不忠、投機や起こりうるあらゆる形態の犯罪に対する法的な罰則がすでに存在しているにもかかわらず、いったいなぜ国民保護のための特別な法律が必要なのでしょう。法律は百も千も存在するのに、それでもなお、この特別な法律はそれらを守る人間をこのうえなく意識的に求めているのでしょうか。

投機家を罰する？　代議士の皆さん、皆さんは国家で第一の、そして最高の権限を有する方々です。法律を作り出す方々です。国民から横領を働く連中をガラスの鐘のなかに閉じこめられる方々です。法律的措置の発動を監視しましょう。投機家を罰する？　ソフィアで、またヴィディン〔ブルガリア北西部の町、セルビア及びルーマニアとの国境に近い〕からブルガス〔ブルガリアの黒海沿いの町〕まで、そしてペトリッチ〔ブルガリア南西部の町〕からルセ〔ブルガリア北部の町〕まで、無敵の力を発する噂の広がりを皆さんは私たち以上によくご存じです。その噂が私たちに教えているのは、わが国の経済生活は一〇〇人ほどの実業家、一〇〇人ほどの金の亡者の手に握られ、この連中が黄金を生み出す天の賜物の周りを昼夜を問わずうろついているということです。（…）

5　貧しいユダヤ人が多く住むソフィアの民衆地区。

6　この子どもたちはブルガリアの愛国者である。彼らは南ドブルジャのブルガリアへの再統合に賛成している。

われわれの目的を忘れないようにしましょう。皆さんは、ここ数日のうちに、ユダヤ人を迫害するための法を検討し、採決するよう求められています。皆さんはどうなさるおつもりですか。私がすでに知っているのは、われわれはブルガリアの空の下でこれまで以上にあらゆる市民との融和を持続させねばならないということです。わが国にとって決定的となるここ数日に、もし皆さんが恐怖を与えること、国民を動揺させることがよい方法だとお考えになられるなら、この法案作成を唆《そそのか》した人々、この法案を作成した人々と連帯するのがよいでしょう。そうではなく、皆さんが国民の真の代表であるなら、この法案を国会の審議日程から外し、どうか二度と取り上げないでいただきたい。というのも、そうしているあいだに皆さんはすべてのブルガリア人たちが互いに述べ合うのを耳にされるはずだからです。都会においても田舎においても、聞こえるのはひとつのことだけです。

「ああ、もし奇跡によって、レフスキ、ボテフ[7]がこの場に姿を現すことができたなら、彼らは使徒の首吊り用の縄で鞭を作り、私たちを追い回し、私たちを鞭打って、彼らの思いを私たちに理解させ、彼らが死をもって贖ったブルガリアの自由が、いかなるものであるかを私たちに理解させるだろう…」

代議士の皆さん！

ためらってはなりません。選択肢はふたつにひとつです。自由の勝利のために、憲法とともに、そして国民とともにあるか、それとも、わが国の政治生活に偶発的に潜り込んできた連中とともに、皆さん自身の不名誉へと歩みを進め、その結果われらの母たる祖国の生活と未来をぐらつかせるかです。他の選択肢はありません。

取るに足りないブルガリア国民である私が内心で確信していること、それは皆さんも（首吊り台で、またバルカン半島の山や谷で、あるいはバタク[8]の断頭台で）自由のために殉じた人々の息子、孫として、彼らが最期に発した誓いの言葉を覚えているということです。「人類と自由を守ろう！」

武器を取れるあらゆるブルガリア国民は、ブルガリアを守るという誓いを立ててきましたし、今でもそのようにします。そして皆さん、代議士たる皆さんはこの誓いの他にも、まださらにもうひとつの誓いを立てられました。憲法を守るという誓いです。

それぞれの人間が、自分が占めている地位にふさわしい、市民としての義務を果たせますように！

クリスト・K・プネフ

［以下はこの公開書簡の書き手によって手書きで加筆されたもの］

この公開書簡の原本には以下の方々も署名しています。

1　ヤンコ・サカゾフ、元大臣

2　ディモ・カザソフ、元大臣

3　イヴァン・ルネフスキ、弁護士

7　ヴァシル・レフスキ（一八三七‐七三）、フリスト・ボテフ（一八四八‐七六）はブルガリアの国民的英雄で、両者ともオスマントルコとの闘いの過程で死亡する。

8☆　バタクはブルガリア南部の町。バルカン半島がオスマントルコの支配下にあった一八七六年、この町を含む地域でオスマントルコに対する反乱が起き、鎮圧後この町で五〇〇〇人以上が殺害されるバタクの虐殺が発生した。

4　リウドミル・ストヤノフ、作家
5　ストヤン・コストゥルコフ、元大臣
6　ペトコ・ストヤノフ、教員
7　コンスタンチン・ネフィティアノフ、ジャーナリスト[9]

9　これらの人々は全員、当時の政府反対派に属するが、共産主義者ではない。

4　主教会議の報告

ブルガリア正教会主教会議による首相宛の報告

一九四〇年一一月一五日

首相殿

（…）ブルガリア正教会は――つねに大きな満足感を覚えながら――わが国の国民とブルガリア政府による努力、国民と祖国をあらゆる危険から守ろうとする努力を、見守ってきました。今日においても、われらの正教会がことのほか満足を覚えているのは、国民保護法によって、政府がわが国の国民とブルガリアのすべてをそうした危険から守ろうとしているのを見ているからです。しかし、ブルガリア正教会は、まさしく国民の幸福のために、法案のいくつかの欠陥に関係各位の注意を引きつけることを己の果たすべき義務と考えています。なぜなら、それらの欠陥は残念な諸結果を引き起こしかねず、また、神聖な機関としての教会に関係することがらでもあるからです。教会の義務は、その霊的な息子たちを見守り、正義が勝利し、人々と諸民族のあいだに博愛が勝利するよう、神の命令を適用させることにあります。

この法案にはとても重要な条文が含まれています。しかし、他方で、わが国民を多くの危険にさらしかねないいくつかの欠陥も含まれています。

まず、この法案はユダヤ教を奉じるユダヤ人と、今年の九月一日以前に個人的にキリスト教の信仰を選んだものの、この日付までに洗礼を済ましていないユダヤ人とをまったく区別していません。五年、一〇年、二〇年、さらにそれ以上前から自分自身でキリスト教を選んだユダヤ出自のキリスト教徒は、彼らの信仰、彼らの宗教的・民衆的習慣、彼らが用いる言語・文化によって自然な形でブルガリア国民と結びついてきました。彼らはユダヤ人共同体から離れ、ブルガリア国民に同化したのです。ところがこの法案は、彼らをわが国民から力ずくで引き離し、ユダヤ教を奉じるユダヤ人と同じ境遇に陥《おとしい》れるものです。このような待遇が認められないことは明らかです。これこそが、ブルガリア正教会に結びついたその子どもたち、また信仰によってブルガリア国民に結びついたその子どもたちを守るために、われわれの声を届けるよう促したものです。もしこのような措置を本当に受け入れてしまえば、キリスト教を選んだユダヤ人は行き場を失い、ユダヤ教に戻ることを強《し》いられ、そうなれば、現在ユダヤ教徒であるユダヤ人をキリスト教に改宗させることも不可能になるでしょう。

父と子と聖霊の名において教えを説き、洗礼をおこない、自らのうちにあらゆる人々を迎え入れ、救いの道に導くこと――神聖な創設者から永遠にして絶対的な命令を受けているキリスト教会は、人々に救いをもたらすその使命を妨げるような、そして教会の創設者である神たるキリストの永遠の命令を妨げるような措置に同意することはできないでしょう。そのような措置は、わが国民にとっても、教会にとっても、誰にとっても有益ではありません。わが国民にとっては、ブルガリア以外の出自を持った人々と完全に結び合わされるほうがよいでしょう。これこそブルガリア正教会が、われらが主であるキリストの命令に従って、わが教会やブルガリア正教徒たるわが国民に加わろうとする人々を阻害するあらゆる措置に反対せねばならない理由です。したがって、ブルガリア正教会は、未来においても誠実な気遣いと誠実な愛の証しを示しながら、まったくの正義をもって、その出自がどんな人々であれ、ブルガリア正教への信仰を受け入れ、わが国民に加わろうとする自分たちの霊的子どもたちを擁護しようとするでしょう。

ブルガリア正教会はわが国民の懐《ふところ》で、救いをもたらす真実とわれらが救い主の命令を君臨させています。救い主にとって、われわれはその全員が同じ天の父の息子です。ですからブルガリア正教会は、この法案にはユダヤ教を奉じるユダヤ人に関する条項にも、国民保護のために正当かつ有益とは見なしえない措置が含まれていることに、責任ある地位にある人々の注意を引きつけたく存じます。もしどこかに国民を脅かす危険があるならば、それを防ぐために取られるべき措置は、それをもたらす行為を対象にすべきであり、特定の民族や特定の宗教集団を対象にすべきではありません。それなのに、この法案の目的は、ブルガリアのある特定の少数派をことさらに不利に扱うことであると思われるのです。あらゆる人間、あらゆる民族は、自らの権利を守り、自らを危険から守らねばなりません。もちろんこの正当な願いは、他者に対する不正や暴力の口実となってはなりません。（…）

以上が、この一一月一四日に召集されたブルガリア主教全体会議において、上述の諸事実に鑑み、首相及び政府、国会に対して、国民保護法案の当該条項を修正し、次のような補足をお願いすることが決定された理由です。

一　ユダヤ出自であり、すでにブルガリア正教の信仰を受け入れた、あるいは未来においてそれを受け入れる用意のあるブルガリア国民は、他のブルガリア正教徒と同じ権利を持つ者として扱われる。

二　国民のなかの少数派としてのユダヤ人に対してはいかなる特別の措置も取られることはない。逆に、危険がどのようなところからやってくるにせよ、ブルガリア国民の霊的生活、文化的・経済的・社会的・政治的生活を脅かすあらゆる真の危険に対しては特別の措置が取られる。（…）

ブルガリア正教会はブルガリア国民の運命と分かちがたく結ばれています。キリストの福音と神の永遠なる命令に従って布教をおこない、その指導原理として、はかなく幻そのものでしかない物質的富ではなく、ブルガリア国民の永続的幸福を掲げねばならないブルガリア正教会は、ブルガリア国民をさまざまな危険から守る国家当局に対して深い満足の念を表明したします。またブルガリア正教会は、この文書に示された諸点をなお強調し、皆さんに問題の法案に修正と上述の補足を加えてくださるようお願いすることを自らの義務と考えます。

このようにされれば、国民が守られるだけでなく、自由を愛する正義と寛容の民としてのわが国民の評判も守られるでしょう。

われわれは、あなた方に向けて神の恵みを呼び寄せ、われらが主であるキリストへのあなた方の熱心な仲介者であり続けるでしょう。

主教会議議長　ヴィディンのネオフィト

5　ジャーナリスト・政治家、ディモ・カザソフ[10]の公開書簡

首相宛の公開書簡

一九四〇年一一月一八日

首相殿

(…)現在あなたは、政治的・文化的序列において五つの最高位を一身に集めておいでになられます。あなたはブルガリア政府の長です。あなたはブルガリア教育省の頭《かしら》であられます。あなたはブルガリア科学アカデミーの総裁です。あなたはブルガリアで唯一の大学で教授をなさっておられます。そしてあなたはブルガリア・ペンクラブの会長です[11]。

この事実に照らして、私たちは誰もが、あなたに対して、あなたが政治的勤勉さと政治的明晰さだけでなく、普遍的な倫理上の規範や、わが国の国民教育に課される基本的な方針、科学的真実、歴史の栄

10　ディモ・カザソフの回想は本書一五六頁に収めてある。彼はジャーナリストであり、この時期以前に大臣を務めたことがあり、またこの時期の後にも大臣を務める。この事件の当時は共産主義者ではないが、政治的には政府反対派に属していた。

11　首相ボグダン・フィロフは国際的な名声を博した科学者であり、その学者としての輝かしい経歴の後一九三八年教育大臣となり、一九四〇年には政府の首班となる。

枯盛衰に関する偉大なさまざまな教訓、そして作家たちの作品への敬意を示してくださると期待する権利があります。また誰もが、あなたに対して、自分を守る術《すべ》のない市民を精神的死に追いやるような、あるいは台頭してくる諸世代を屈辱的な暴力行為に押しやるような、あるいは歴史的事実を捏造するような、あるいは作家・政治家・学者・軍人を断罪するような、そしてさらにはあなたの友人たちと同様の考えを持たない誇り高い人々を欲得ずくの人間として貶めるような、あらゆる試みに嫌悪感を抱いてくださるよう期待する権利があり、しかもその嫌悪の念が日々いや増すよう期待する権利があります。

　こうした期待から、私はあえて、あなたに次のいくつかの質問をさせていただきます。（…）

　あなたの指揮下にある検閲当局の許可のもと、一枚のビラが一〇〇〇部印刷され配布されました。そのビラは、このうえなく優れた作家の一団を腐敗者集団として断罪しており、その作家たちのなかにはトドル・G・ヴライコフ、エリン＝ペリン〔本書一六一頁注6〕も含まれています。しかし、その断罪の理由は、単に彼らがこのうえなく勇敢にブルガリアのユダヤ人を擁護した[12]ということに過ぎません。

　なんという情景でしょう！　われわれが見ているのは汚辱が検閲によって守られている姿であり、その汚辱の犠牲者たち――あなたのお仲間たちです――があなたの無関心な沈黙によってしか守られていない姿です。

　作家たちがユダヤ人擁護と同時に擁護しているものが、人間性、正義、そして不幸に打ちのめされたあらゆる人々に対する同情を備えたブルガリア人の文化的特質であることを、ペンクラブ会長が理解していないことなどありうるでしょうか。ブルガリア人のような貧しく人口も少ない民は、力によっても富によっても幅を利かせることができず、この民が強者でありうるのはもっぱらその正義感によってであり、この民が豊かでありうるのはもっぱら人間として有する数々の資質によってであることを、作家たち以上によくわきまえているひとはどこにもいません。ブルガリア国民が、その国民的アイデンティティの特色として何世紀ものあいだ持ち続けてきた正義感を失うとき、この国民は精神的・霊的な顔立ちも、その国民的独自性も、そのスラブ的本質も、そのブルガリア人としての容貌も、失うことになるでしょう。しかしそれだけではありません。それによってブルガリア国民は、長年にわたって蓄積してきた道徳的資本をも失います。この資本こそ、ブルガリア国民を、世界の前で、勤勉で寛容な民、平和愛好的で正しく人間的な民という地位に押し上げてきたものです。したがって、作家たちを擁護することは、ブルガリア人の魂が持っているもっとも貴重なものを、攻撃から擁護するということです。

ペンクラブの会長であるあなたは、ブルガリアの作家たちがドブロニク〔クロアチア、アドリア海沿いダルマチア最南部の町〕、ブダペスト、バルセロナ、プラハ、ブエノスアイレスでの世界ペンクラブ大会で、世界の有名人たちに対して、われわれの国ブルガリアで生活するすべての少数派が平等に扱われているのを示したこと、それとともに、ブルガリア人の暮らすあらゆる場所でブルガリア人、ブルガリア語、ブルガリアの文字が尊重されるよう支持を要請したことをご存じのはずです。要請された支持は獲得されました。そして、ブルガリアの作家たちがユダヤ人の法的平等に肩入れしたとき、彼らが守ろうとしていたのは、自分たちの名誉であり、またその名誉を空疎な言葉とも浅はかな偏見とも考えない団体によって結ばれた道徳的契約に対する自分たちの署名なのです。

12　本書七〇頁「作家たちの請願」のことである。

また私は、ブルガリア科学アカデミーの総裁でありソフィア大学の教授であるフィロフ首相にこう尋ねさせていただきます。あなたはあなた自身が提出した反ユダヤ法を携えながら、ユダヤ民族の天稟溢《てんぴん》れる息子たちが重要な地位を占めている世界的な会議に、ブルガリアの学者、作家、哲学者、画家、作曲家たちをどのように参加させようとしているのでしょうか。ごく一部の人々の精神的安定をぐらつかせるヒステリーのために、若々しいブルガリアの科学、ブルガリアの科学者たちの立場を傷つけることは適切でしょうか。

そのうえ、大国であれ、小国であれ、その政治・経済・文化・科学の指導者たちのあいだで第一級の役割を演じているのもまた、やはりユダヤ民族の天稟溢れる息子たちです。わが国のユダヤ人たちに仕かけられている戦争は、こうした人々のあいだに反響を呼ばずにいられません。そうした戦争は、われわれを取り返しのつかない形で、これらの国々の世論との道徳上の争いに巻き込みます。われわれの利害を守るためには、われわれは彼らと文化的にも経済的にも良好な関係を維持し続けなければならないのです。ドイツ人、イタリア人のような、物質的資源や文化的生活に恵まれた強力で豊かな民であれば、こうした戦争に打って出るという贅沢を自らに許すことができても、われわれのような弱小な民は、それを避けねばなりません。われわれには望みうる限りの多数の友人が必要であり、このうえない同情とこのうえない援助が必要なのです。外国の利害に仕える者のうち非難されるべきは、わが国の国民のために、他の諸国民との関係の道を大きく開こうとするどころか、その道を塞ごうと望む人々です。自国の国民をこのうえない孤立へ追い込もうと望むとは、なんと奇妙で、なんとおぞましいナショナリズムでしょうか。（…）

自分たちの懐《ふところ》に眠っているあらゆる豊かさと潜在力を実現すべく、率先垂範と経済発展を待ち望むわが国のような土地で、あなたは率先垂範の気概に富む少数派であるユダヤ人を攻撃するために、十字軍を差し向けようとなさっています。しかし、そのユダヤ人たちは、わが国で生まれ、わが国で生き、わが国で死んで、自らの労働の果実をわが国に残すのです。それなのに、あなたは彼らを、道義的に見て、ジプシーたちよりも下位の範疇に貶めようとなさっておられます。

あなたは、ユダヤ資本と闘おうとなさっておられます。ユダヤ人攻撃のためにでっちあげられた客観性を欠く統計によれば、彼らの資本は、株式の形で各会社を併せれば四億八六〇〇万レフ〔ブルガリアの通貨単位はレフ、複数形はレヴァ〕に達するということです。しかしこの資本を真に握っているのは国家です。というのも、その資本はブルガリア国民のものだからです。ところが、ブルガリア人全体の保有している資本が二〇九億レフであるというのに、なぜあなたは、自国に対して桁外れの影響をひそかに及ぼしている、一〇八億レフもの外国資本を無視されるのですか。ブルガリアのユダヤ人が持つ資本と闘うことは、結局は外国資本とブルガリア人の持つ資本とを同等にする方向にしか向かわないということです。それがあなたには理解できないのでしょうか。

これらの事実、そして他の多くの事実は、あなたが言われるところの「外国勢力との闘い」という言葉の背後に隠されていた奇妙な偽善を指し示すものではないでしょうか。わが国の社会生活において何の役割も演じていないユダヤ人とフリーメーソンに対する闘いという虚構は、実際には外国勢力からの影響によってもたらされたものです。あなたがそれを隠そうとなさっても、もはや誰も騙すことなどできないでしょう。国民をこれらの問題、また他の多くの問題について過誤に引き留めておく方法は、あなたにはわずかしか残されていません。検閲と鞭です。現在、ブルガリア科学アカデミー総裁は、真実の威光の監視役を検閲と鞭に委ねていらっしゃいますが、そんなことをしても真実は再びよみがえります。そしてその真実の光に照らされて、世界は驚きのうちに、ブルガリア科学アカデミー総裁が松明《たいまつ》ではなく鞭をその手に携えている姿を見ることになるでしょう。

敬具

D・カザソフ

6 代議士、ペトコ・スタイノフ[13]の演説

国会における演説

一九四〇年一一月一九日

（…）皆さん、それでは法案の第二条に話を移しましょう。この第二条は、ユダヤ出自のブルガリア国民に対し、かなりの数の制限を課すことを可能にします。ここでふたつの問題が提起されます。第一に、法案で述べられているこれらの制限は、憲法に違反していないでしょうか。第二に、こうした命令は、ブルガリア国民の利益になるものでしょうか、そしてブルガリア国民の歴史と伝統の精神に合致するものでしょうか。私は当面このふたつの問題を検討させていただきます。

第一の問題について言えば、私が思うに、ここでわれわれに提案された法案はわが国の憲法、とりわけその第五七条に違反しています。そこでは、あらゆるブルガリア国民は法のもとに平等であると定めています。法のもとの平等は、われわれの憲法上の公《おおやけ》の権利の根本的条件のひとつです。

13　ペトコ・スタイノフは共産主義勢力には属さない、政府反対派の首領のひとりである。一九四四年の事件〔祖国戦線によるクーデタ〕後、彼は外務大臣に就任する。

（…）皆さん、憲法ではブルガリア国民間の平等について語られているわけですから、この規定に明瞭に反するあらゆることは、したがって憲法違反になります。

皆さん、またこれとは違った考慮が、こうしたさまざまな制限をともなったままの法案に賛成し挙手することを拒むよう私に促します。国民の保護という口実のもと、この法案によってわが国の立法に初めて導入されるのは（「初導入」と見なす理由は、この法案が出生による不平等を主張しているからですが）、反ユダヤ主義であり、人種差別であり、さらには「迫害」という表現を使わないまでも宗教的不平等です。われわれはこのようにして、ブルガリア「独特」の人種差別を基礎にしながら、ある人々から基本的諸権利を剝奪し始めることになるのです。皆さん、私の考えでは、こうしたおこないは、わが国の歴史、わが国民の「覚醒」[14]、わが国の文化、わが国民の精神、そして寛容で威厳あるブルガリアの民の尊厳に反したものです。

人々を差別し、その人々にブルガリア領内で限定された地位を割り当て、その人々の基本的諸権利を制限するこの法案は第一五条のA項において、私が先に述べたように、その根拠を出生、血に関わるブルガリア「独特の」人種差別に置いています。私は人種理論を支持しません。私は人種の純粋性についてのそのような作り話を信じません。加えて、私は人種差別と人種の純粋性に関わるほとんど根拠のないこの種の理論がどんな形で提示されようが、国民のあいだの不平等という結論に至ることは望みません。皆さん、それは神話、誤魔化しに過ぎないのです。ここにいる皆さんのあいだで、いったい誰が、この土地の歴史を忘れることなく、改悛の念を示しながら、「私は純粋な種族に属する者だ」と言明することなどできるでしょう。そうした純粋性はずっと昔からの謎であり、イヴの秘密なのです。われわれのうちの誰かが、騙された滑稽なアダムの役割を演じることを、私は望みません。(…)

それでは次に、問題の背後に何があるかを検討してみましょう。このような、民族的な理由、宗教的な理由から、国民の基本的な諸権利を奪う法案は、そもそもブルガリア国民の利害に合致するものでしょうか。また結局のところ、本当にいくつかの措置が必要であるとされるなら、それらの措置はどのような方向で講じられねばならないのでしょうか。(…)

しかし、実際ブルガリアの場合はどうでしょう。ユダヤ人はこれまでブルガリアの政治生活や公共生活においていかなる役割も担わされてきませんでしたし、今も担わされていません。議会にもユダヤ人はいませんし――皆さんは皆さん自身でそれを確認できますし、皆さんがよく知っているように前世紀以来状況は変わっていません――、首相官房にも、大臣のあいだにも、将校のあいだにも、劇場にも、新聞社にも、出版社にも、電報局にもユダヤ人はいませんし、数多くいる外交官、公務員のあいだにもユダヤ人はいません。そのことを皆さんはよくご存じですし、私が改めて皆さんに言うことでもありません。(…)

彼らは実際まったくそこに参加していないのです。こうした状況において、皆さん、ユダヤ人はいかなる危険を体現することもないのですから、どうしてこのような罪体を創り出し、法案第一七条のような、ブルガリアのユダヤ人の政治生活、公共生活に制限を設ける条項を定めねばならないのか、私には理解できません。

14　この語が表すのは、ロシア軍によるブルガリアの解放と近代ブルガリア国家の創設(一八七八)に先立つ、十九世紀におけるブルガリア国民の国民意識への目覚めである。

7　代議士、トドル・ポリアコフ[15]の演説

国会における演説

一九四〇年一一月二〇日

代議士の皆さん！

私は、この法案に与えられた名称はまったく不適切だと考えます。というのも、この法案の内容をもってしては、その名称が表明している目的は達せられないからです。第一に私が反駁したいのは、ブルガリア国民がユダヤ人少数派に脅かされているという主張、したがって国民保護のためにいくつかの措置を取らねばならないという主張に対してです。（…）

今日ブルガリアにはおよそ四万五〇〇〇人のユダヤ人が生活しています。何らのためらいもなく断言できるのは、ブルガリア国民とユダヤ人少数派のあいだには、生き方に関しても、文化に関しても、完全な合意が支配し続けていることです。ブルガリア生まれの彼らが生まれて初めて太陽を見たのはこの地においてであり、生まれて初めてブルガリア語を聞いたのもこの地においてなのです。彼らはわれらの大地を愛しており、われらの法を尊重し、われわれの国民とわれわれの国家に愛着を抱いています。彼らの生活様式はわれわれのそれと同じです。彼らの家、彼らの料理、彼らの振る舞いはわれわれのそ

れと違ったものではありません。ユダヤ人のあいだにあって、もっとも年少の人々は、われわれの環境によって生み出された人々であり、ブルガリア人に完全に同化しています。彼らはブルガリア語で話し、ブルガリア語で思考し、ボテフ、ヴァゾフ、ペンチョ・スラヴェイコフ〔一八六六−一九一二〕、ヤヴォロフ[16]〔一八七八−一九一四〕といった国民的文学者たちを模範として自分たちの思考様式、自分たちの感情を鍛え上げています。彼らはブルガリアの民衆歌謡を歌い、ブルガリアで語り継がれる話を語っています。彼らの人間としての内奥も、遊び場で、学校で、作業場で、工場で、山野で、われわれとともに過ごすことによって形づくられます。彼らはわれらとともに苦しみ、われらとともに喜んでいます。（…）

　ユダヤ人たちを、わが国民、われらが国家にとって危険なものであると見なすのは、まったくの伝説に過ぎません。何よりもまず強調せねばならないのは、彼らが、われわれの国の政治生活、公共生活の中心とはつねに離れて暮らしていたことです。たとえ、他国で政治的地位、公共的地位を占めるユダヤ人に対して迫害がおこなわれてきたとしても、わが国ではそもそもそうした問題は提起されえません。なぜならそうした問題自体が存在しないからです。わが国では、公共の行政機関にも、軍にも、教員にも、県庁にも、司法機関にも、劇場にも、新聞の編集部にも、出版界にもユダヤ人はいません。したがって、ユダヤ人が、わが国の文化生活、政治生活に影響を及ぼす可能性はそもそもまったくないのです。彼らは非力でまったく無害な少数派であり、いかなる場面においてもわれわれブルガリア人のアイデ

15　トドル・ポリアコフは共産党の代議士である。

16　彼らは十九世紀、二十世紀のブルガリアでもっとも偉大な作家と見なされる人々である。

ンティティを脅かしたことはありません。未来においてもそれを脅かすことなどありえないでしょう。

ユダヤ人たちはまた、経済生活の領域においても危険な存在とはなりえません。わが国のユダヤ人住民の圧倒的多数は薄給の勤め人であり、工場や作業場で日々の糧を稼ぐか、零細な職人、小売商、雇員であり、また別の人々は自由業を営んでおり、正直者で勤勉な弁護士だったり、医師だったり、歯科医だったりします。商業でも彼らの店は中規模のものでしかありません。(…)

したがって、彼らが自分の生活費を稼いでいる領域で、彼らを差別するのは不適切であり、不当であり、残酷です。

ユダヤ人を不道徳で犯罪的な人々として描き出そうとするようなひとがいるかもしれません。しかしそれはペテンでしかありません。国民のある特定の民族集団に犯罪的性格を押しつけることはできません。善良な資質、悪辣な資質は個人的な性質であり、特定の民族集団のものではありません。どんな社会集団であれ政治集団であれ、そのうちに大悪党や小悪党を抱えていない集団など存在するでしょうか。つまはじきにされる者がいない群れなど存在するでしょうか。いや、それどころか、ユダヤ人少数派にあっては、その犯罪率はブルガリア国民の他の部分よりも低いのです。公《おおやけ》の統計を信じるならば、一九二〇年から三五年までのあいだに、一万二九二三件の流血犯罪（殺人および傷害事件）が発生しました。ユダヤ人共同体の構成員によって起こされた犯罪率が、全ブルガリア人口に占めるユダヤ人の比率と同じ〇・八五パーセントで発生していたなら、ユダヤ人によって起こされた犯罪は一一〇件でなければなりません。ところが実際にユダヤ人によって起こされた犯罪は一四件でしかないのです。強盗やその他の犯罪についても同様です。たしかに外国通貨関連の法を犯す犯罪については、ユダヤ人共同体の構成員による発生率が高いかもしれません。しかしそれは経済生活のこの領域に彼らが比較的多く参画しているからであり、逆に言えばそれは彼らが他の領域の活動に参画していないからです。(…)

こうした問題は、ずっと以前に解決済みと考えられていました。ユダヤ人が服に黄色い印をつけていた中世、ユダヤ人が封建領主の利益のため収奪され迫害を受けていた中世という汚辱に満ちた時代に逆戻りさせるこうした立法をおこなうような文化的逸脱は、断固として拒否せねばなりません。近代は人間を価値あるものとしました。ゴーリキ〔一八六八－一九三六、ロシアの作家〕は言っていました。「人間、これこそ誇り高く響く言葉だ！」われわれは動物を保護するための規則を作りました。それなのに、われわれは何千人という無実で正直なユダヤ人たちを半人前の資格しか持たない人間の地位、第二級の人間の範疇、トルコ人、ギリシャ人、アルメニア人、ジプシーといった他の少数派よりもいっそう低い地位に貶めようとしているのです。現在、憲法の規定によって召集され、審議をおこなっている国会で、おぞましく反憲法的な法律が練り上げられようとしています。われわれの歴史にその一ページが加えられようとしています。われわれはこのページをいずれの日にか恥じねばならなくなるでしょう。

なぜ、こんなことが起きているのでしょう。こうした措置を要求しているのは国民の声なのでしょうか。いいえ違います。わが国民は寛容で、客人を歓待し、善良です。わが国民がユダヤ人に対して不寛容の証拠となるような行為を見せたことはまったくありません。わが国の労働者階級はそのような感情を育んだことはまったくないのです。

ブルガリアの知識人たちにも賛辞を捧げねばなりません。なぜなら、弁護士たちも、医師たちも、作家たちも、そして何人かの予備役士官や傷病兵さえもが、この法に反対して声を上げたからです。わが国の農民は、自分たちの土地がユダヤ人に荒らされているとは考えていません。ブルガリア人の弁護士は、ユダヤ人弁護士が誤魔化しによる不正な競争をしていると不平を述べることなどありません。（…）ではなぜ、こうした法案が準備されているのでしょう。この疑問がわれわれの多くを悩ませ、考え込ませます。この法案は、外国人が、外国人の利害のためにわれわれに押しつけたものではないでしょうか。ブルガリアの名誉にかけて、私はそのような押しつけをわが国民が受け入れることはないと信じたい。しかしひとつのことは確かです。この法案は外国によるプロパガンダの結果です。（…）

そのような影響がなければ、これほど過酷でこれほど反動的な措置など考えつくこともなかったでしょう。このプロパガンダはラジオ、書籍、新聞により、また外国に赴く人々などを仲介にしてなされ、すでにひどい伝染病となっています。

ユダヤ人問題はドイツ、イタリアだけでなく、ほとんど至るところで提起されています。代議士の皆さん、この問題がソビエト連邦でどのように取り扱われているか注意して検討してみてください。そこでは民族性の問題が大々的に取り扱われています。ソビエト連邦にはロシア人、ウクライナ人、ベラルーシ人の他にもフィンランド人、リトアニア人、ラトビア人、エストニア人、アルメニア人、チュヴァシ人〔ロシア連邦チュヴァシ共和国を中心に居住するテュルク系民族〕、モルダヴィア人、オセット人〔カフカース地方の山岳地帯に住むイラン系民族〕、ブリヤート人〔ロシア、中華人民共和国、モンゴルに居住するモンゴル系民族〕、モンゴル人、ジョージア人、タタール人、バシキール人〔おもにロシア連邦のバシコルトスタン共和国に住むテュルク系民族〕、それ以外にも大小さまざまの何十もの民族が生活し働いています。それぞれの民族が皆独自の言語、独自の民族的特徴、独自の神話・歌謡・伝説・図像等々を有しています。ソビエト政府もソビエトの世論も、それぞれの民族がそれぞれの潜在的力を発揮して生きねばならないと考えており、各民族は皆、自分たちの潜在的力の維持を目指して努力しています。（…）

何百万ものユダヤ人がソビエト連邦のビロビジャン〔ロシア極東にあるユダヤ自治州の州都〕、モスクワ、キエフ、オデッサ〔ウクライナ南部の州〕、キシニョフ〔モルドバの首都〕といった都市、そしてあの広大な国々のそこここで生活しています。ソビエト連邦もユダヤ人たちを、形式的な観点から見ても実利的な観点から見ても、他の諸民族と平等な公民と見なしています。最近、ショーロム・アレイヘム〔一八五九－一九一六、ウクライナ出身のイディッシュ語劇作家・詩人・ジャーナリスト〕の生誕を祝う集いがありました。ソビエト連邦はマルキシュ〔一八九五－一九五二、ウクライナ出身のイディッシュ語作家〕やクビトコ〔一八九〇－一九五二、ウクライナ出身のイディッシュ語詩人〕のようなユダヤの地方語で書く作家も、またマルシャーク〔一八八七－一九六四、ロシアの作家・翻訳家・詩人〕、パステルナーク〔一八九〇－一九六〇、ロシアの作家・詩人〕、スヴェトロフ〔一九〇三－六四、ロシアの詩人〕、イリア・エレンブルグ〔一八九一－一九六七、ウクライナ出身の作家〕のようなロシア語で書く作家も、どちらもひとしなみに励ましています。これらの作家はすべて一〇〇パーセントユダヤ人であり、他の誰にもましてソビエト社会に愛着を抱いています。（…）

したがって、ユダヤ人問題をどのように取り扱うかを検討する際には、ドイツの例だけを参照するのではなく、他の場所でその問題がいかなる形で解決されてきたかをよく見る必要があります。

この法案によって、ブルガリア国民に黒い染みを付けないようにしてください。というのも、もしこの法案を通せば、あなた方は明日には赤恥をかくことになるでしょうから。

先に述べたように、私は法案の名を変更するよう提案します。実際、この法案は国民保護ではなく、国民の恥辱を目指しているのですから。（…）

Ⅱ　強制収容所送り

この「Ⅱ」の部分に集められたテキストは、一九四三年三月の決定的なエピソード、すなわちナチスドイツのアイヒマンによって遣わされてきた親衛隊（ＳＳ）将校ダネッカーに促されて、アレクサンダル・ベレフを長とするユダヤ人問題局が首相ボグダン・フィロフを長とする内閣の後援を受けておこなった、ブルガリア国内の二万人のユダヤ人を強制収容所送りにしようという試みに関係するものである。このできごとに反対する反応は、町中においても、国会においても激しいものだった。国会における反応の例については、国会副議長で代議士のディミタール・ペシェフによって書かれ、他に国会多数派の四二名の代議士によって署名された請願書をお読みいただくが〔本書一一一頁〕、ペシェフはこの請願を出したがゆえに解任決議を受け、国会副議長職を追われた。次いでお読みいただくのは自由派で政府反対派の代議士ペトコ・スタイノフによる質問書であり〔本書一一五頁〕、この文書はとりわけこの時期の直前に、ブルガリア軍の管理下にあった西トラキア、マケドニア両地方から強制収容所に送られたユダヤ人たちに関係する。

これらのテキストの前に、当時の非合法新聞から抜粋したふたつの資料を収録する。ひとつは機関紙

『祖国戦線 *Otechestven front*』で、同じ名称を持つ組織は共産主義者たちに主導され、他の反ファシズム勢力をも含んでいた。そこに見られるのはモスクワラジオの番組から得られた、ユダヤ人迫害に関する解説である〔本書一〇四頁〕。それに続き収録したビラ〔本書一〇七頁〕は、ブルガリア労働者党（つまり共産党）のソフィア県委員会により撒かれたものである。

首相ボグダン・フィロフの日記からの抜粋は、われわれが選択したテキスト中では例外をなしている〔本書一一九頁〕。なぜなら、それはユダヤ人を迫害した側の人々の意見を反映したものであり、ユダヤ人を救うためのものではないからである。しかし、一九四三年三月の諸事件にこのテキストが与える照明ゆえに貴重である。フィロフは古代史、考古学の専門家として、まず学者、大学人として輝かしい経歴を重ねた。彼が初めて教育大臣として入閣するのはようやく一九三八年になってからである。しかしその知的資質と政治方針の堅固さが彼に有利に働き、一九四〇年の内閣改造のおりには首相に任じられ、同職に一九四三年九月までとどまる。一九四三年九月、国王ボリス三世の死去から間もない時期に、彼は新王の三人の摂政のひとりに任じられる。そして一九四四年九月九日の事件〔祖国戦線によるクーデタ〕の直後に逮捕され、一九四五年に死刑判決を受け銃殺される。ユダヤ人に対しては、彼は過酷な政策を取るべきだという立場だった。ユダヤ人の子どもたちをパレスチナに旅立たせるべく交渉に当たっていたスイスの代理大使シャルル・レダールへのフィロフの対応から、表立って認めることはなかったものの、フィロフら政府首脳陣がポーランドの強制収容所に送られたユダヤ人の運命について無知でなかったことがわかる。

レダールの報告書〔本書一三〇頁〕は、今回の収録にあたり、例外的だがブルガリア語のテキストからフランス語に再翻訳された。

（ツヴェタン・トドロフ）

8　機関紙の記事

『祖国戦線』に掲載された記事

一九四二年一二月三一日

ここまで最近のニュースをひと通りお知らせした後、モスクワラジオは、全世界に向けてのユダヤ人のための呼びかけとともに、平和を愛するヨーロッパのユダヤ人に対して野蛮で非人間的な殲滅行為を続けるドイツ＝イタリアのファシストに向けて抗議声明を発しています。

自らの最期が近いことを感じ取り、ヒトラーとその仲間たち、そしてその下僕たちは、まったく度を失ってしまいました。ヒトラーは最近、ヨーロッパのユダヤ人を皆殺しにし、厄介払いすると宣言しました。彼はすでにこの計画を実行に移しています。歴史上、これ以上の残虐行為は見当たりませんし、ユダヤ人に対してドイツファシズムがおこなっている行為は、これまでヨーロッパの少数民族に対しておこなわれた野蛮行為をはるかに超えたものです。判明した事実はおぞましいものです。たとえば、ポーランドの四〇〇万人のユダヤ人のうち、今も生存しているのは四万人だけです。三九六万人は大量殺戮されたのです。（…）セルビア、ギリシャ、フランス、ベルギー、オランダ、ノルウェー、ポーランド、ボヘミア、その他の土地のユダヤ人は、ポーランドにあるゲットーに入れられました。（…）ユダヤ人の殲滅はフランス、ノルウェー、オランダでも始まりました。この殲滅は、多くの抗議と示威行動を引き起こし、その行動は性別、年齢を問わず、何千もの勇敢なフランス人、ノルウェー人の死を招きました。スウェーデンでは、この前代未聞の野蛮行為に対して決定的な抗議がおこなわれました。モスクワでは、イギリス人、アメリカ人、ノルウェー人、セルビア人、ギリシャ人、チェコ人、ポーランド人、ハンガリー人、オランダ人、エストニア人、リトニア人、ロシア人、そして他の多くの民族の人々が、ユダヤ人擁護のための委員会を結成しました。ハンガリーでは、強制労働集団、強制収容所で労働させられていたすべてのユダヤ人が集合させられ殲滅されました。猛り狂ったファシスト連中は、たとえば医学実験の現場で、また連中が有毒ガスのテストをした死体焼却炉で、何十万人ものユダヤ人を虐殺したのです。ユダヤ人たちは焼却炉に閉じこめられて殺されただけでなく、電気ショックによっても殲滅させられました。毒殺された者もいます。(…)

現在一時的にドイツに占領されているソビエト領で、またヨーロッパの各国で、連合国軍は無実のユダヤ人たちをこのように野蛮なやり方で虐殺し続けているドイツ＝イタリアファシズムの蛮行に対抗するため、ユダヤ人たちの復讐を誓っています。

ヒトラーの命令によって、ブルガリア政府はわが国のユダヤ人に対して蒙昧なファシズム的政策を遂行しようとしています。今や、ブルガリアのユダヤ人は、一定の地域で働き生活することを禁じられました。彼らはあらゆる種類の侮辱にさらされ、一年のうち六ヵ月は強制労働キャンプのなかにいます。そこでいつ抹殺されるかわかりませんし、また、結局同じことになるのですが、いつポーランドのゲットーに送り込まれるかわかりません。

ユダヤ人の皆さん、ためらうことなく祖国戦線の戦列に加わりにやってきてください。憎むべきファシズムと戦っているブルガリア国民の先頭に立ってください。祖国戦線のみが、ファシズムの蒙昧主義と人種差別的憎悪を無に帰し、あなた方をファシズムのおぞましき行為から救い出すでしょう。

9　ブルガリア労働者党のビラ

同党のソフィア県委員会によって撒かれたビラ

一九四二年

親愛なる同国人の皆さん、ボリス国王を筆頭とするヒトラーの徒党によってなされているブルガリア国民に対する前代未聞の数々の残虐行為、そして綿密に企《たくら》まれた厄災は、もうそこまで来ています。（…）

反ユダヤ主義が大車輪で活動しているのです。人間的ないかなる掟、いかなる価値も、反ユダヤ主義の策動とは無縁です。ユダヤ人を敵視する国民保護法、強制労働キャンプ、財産没収、ダビデの星の着用命令、彼らに対する労働権と生存権の承認の拒否は、ブルガリアのファシストどもが示す非人間的で野蛮なさまざまな行為の鎖のうちのひとつの輪でしかありません。その建国以来、わが国民が、現在のような蛮行、ユダヤ人に対する怪物的振る舞いを目にしたことはありません。

ブルガリアのファシストどもがわれわれに信じ込ませようとしているのは、自分たちは投機に抗して、ブルガリア国民のために闘っているのだ、だからユダヤ人を迫害し、彼らの財産を没収し、彼らから労働の権利を奪うのだということです。しかし、ユダヤ人を犠牲にしておこなわれる略奪は、ファシストの有力者の利益にしかならないことを、またナチスの遂行する戦争にしか役立たないことを、われわれはこの目で目撃しています。投機や闇市は、かつてと同様に栄えています。ヒトラーから五〇万マルク受け取った後、ジェコフ将軍は今ではクニアジェヴォのランダウ荘に居座っています。[1]（…）

　同国人の皆さん、ブルガリアに住む四万人のユダヤ人の運命はわが国民の運命と密接に結びついています。皆さんは本当に、わが国の農民、わが国の生産者がナチスからの収奪を受けていないとお思いですか。わが国の裏切者どもはヒトラーに一五〇億レフに相当する産物を与えなかったでしょうか。この金をわれわれが取り戻すことは決してないでしょう。わが国の農民、工員、職人、薄給の公務員は、その家族ともども、飢えで死にそうになっていないでしょうか。ブルガリア国民の自由はヒトラーの徒党によって無に帰されてしまったことがおわかりになりませんか。

　われわれを、平和を愛するイギリス国民、アメリカ国民との戦争に押しやったのはユダヤ人ではなく、ヒトラーとその徒党です。[2]

　ブルガリアの独立を売り渡したのは、ユダヤ人ではなく、ボリス国王とその下僕たちです。

　われわれを解放してくれた同じスラブ民族のわが兄弟であるロシア国民と戦わせようとしているのは、[3]ユダヤ人ではなく、ボリス王のようにドイツ化された裏切者どもです。[4]

　われわれにトルコに対して戦争を仕かけさせようとし、トルコにも新秩序すなわちヒトラーの徒党によって打ち立てられる秩序との同盟を強《し》いようとしているのは、ユダヤ人ではなく、ボリス王とその下僕たちです。

　ブルガリアを二度の国家的破局〔露土戦争及び一九一二－一三のバルカン戦争のこと〕に引き摺り込み、今また、さらに大きな三つ目

の国家的破局に引き摺り込もうとしているのはユダヤ人ではなく、今日のナチスと、ボリス国王の父親です。〔注4を参照〕[5]

ブルガリア人の皆さん、ユダヤ人の皆さん、われわれ全員を苦しめている、この憎むべき、ヒトラーに支配されたブルガリア政府と共同で戦うために団結しましょう。そして、ユダヤ人を守り、彼らに対して絶え間なく続けられている数々の暴力行為、残虐行為に抵抗するための委員会を各所で結成してください。ユダヤ人たちが力ずくで追われた家やマンションに、皆さんが住むのを拒否してください。ユダヤ人たちが力ずくでジプシーの居住区へ追放され、有刺鉄線で囲まれるのを許してはなりません。ユダヤ人たちへの共感と、ヒトラーの徒党へ憎しみを示してください。

1　ニコラ・ジェコフ将軍（一八六四－一九四五）は当時、極右団体である軍団連盟の名誉会長だった。クニアジェヴォはソフィアの郊外の住宅地区である。

2　一九四一年一二月以来、理論上ブルガリアはイギリス、アメリカと戦争状態にあった。しかしこの宣戦は当面象徴的な意味しか持たなかった。

3　これは、一八七七－七八年の露土戦争への仄めかしである。この戦争の結果として近代国家としてブルガリアが成立した〔本書五三頁注21〕。

4　ボリス国王の父親で先王のフェルディナンド一世〔一八六一－一九四八、ブルガリア公在位一八八七－一九〇八、ブルガリア国王在位一九〇八－一八〕はザクス＝コーブルク＝ゴタ家〔ドイツ中部にあったザクセン＝コーブルクおよびザクセン＝ゴータの領邦からなるザクセン＝コーブルク＝ゴータ公国の君主の家系〕の出身であり、したがってドイツ系である。

5　先述。本書一七－一八頁を参照されたい。

自由と民主主義、ユダヤ人を含むすべてのブルガリア国民の権利の平等のために、祖国戦線の方針に賛同して戦ってください。

ファシズムに死を！　あらゆる民族に自由を！[6]

6　これは、当時の共産党関連文献の文末で使われていた決まり文句である。

10 代議士、ディミタール・ペシェフらの請願書

第二五会期国会副議長と四二人の代議士による首相宛の請願

一九四三年三月一七日

首相殿

本請願は、わが国民が経験しつつある決定的瞬間において、政府と分かち持つわれわれの歴史的責任感と、現体制及びその政治へのわれわれの揺るぎない支持、さらにその政策の成功に可能な限り貢献したいというわれわれの願いがわれわれ自身を励まし、われわれの行動を支えるわれわれの善意と誠意があなたに信頼され、その行動をあなたが迎え入れてくださることを期待しながら、あなたに語りかけるものです。

最近、当局によって取られたさまざまの動きは、ユダヤ出自の人々に対する新たな措置が計画されていることを示すものです。それは具体的にはどのような措置でしょうか。どのような考え、目的で、そのような措置が必要とされたのでしょうか。それを遂行するために、どのようなことをご考慮に入れられたのでしょうか。責任ある機関からは権威ある回答がまだ出されておりません。内務大臣殿は、何人かの代議士との会話のおりに、いかなる特別な措置も、「もともとのブルガリア領」に住むユダヤ人を対象にしたものではないことを確認してくださいました。その結果として、そうした方向でなされるあ

らゆる動きは停止されました。

こうした機会をとらえて、また新たに広がっている噂を耳にもしましたので、われわれはあなたに対し、ここに一書を差し上げます。なぜなら、こうした全般的措置に関わる決定は間違いなく閣議によってなされるものだからです。

われわれの要求はただひとつです。それがどんな措置であろうとも、それが遂行される前に、国家と国民が今、何を真に必要としているかをご考慮に入れ、わが国民の威光と道徳的地位の問題を視界から外さないようにしていただきたいということです。

現在の状況において、わが国の安全上求められる数々の措置に、われわれが反対することはできません。なぜなら、皆もよく知る決定的なできごとが次々に起こる現在にあって、国家と国民にもっとも求められている努力を直接的にも間接的にも妨げるような人間であれば誰でも、害をなせる状態に留めておいてはならないことを、われわれは忘れていないからです。われわれの是認と協力を得て遂行される政府の政策に対し、われわれは反対することはできません。われわれはその政策の実現に、意識的に、そして誇りをもって、われわれの威光と努力のすべてを注ぎ込んでおります。

政策の成功を妨げるあらゆる障害を取り除くことは国家の権利であり、その権利に対しては、真に求められていることの限度を超えない限り、またこの上ない残酷さと呼ばれかねない極端な政策でない限り、誰もそれに反対するはずがありません。ところで、どんな軽罪についても個人的に罪を負うだけの能力を持たない女性たち、子どもたち、老人たちに適用されるあらゆる措置は、そのように極端なものとして見なされかねません。

悪意に基づくものと思われますが、出回っている噂によれば、政府はこうした人々を強制収容所送りにしたがっているとのことです。もちろんそのような措置をわれわれは認めるわけにはいきません。そのような措置は受け入れがたいものです。それは単に、ブルガリア国籍を剝奪されたわけでもないそれらの人々を国外追放にすることは認められないからだけでなく、それが不吉で、国にとって重大な結果を招きかねないからです。そのような措置が取られれば、それはブルガリアにふさわしくない汚点をブルガリアに残すでしょうし、その汚点は道義的にも、政治的にも、ブルガリアに重くのしかかり、ブルガリアが将来の国際関係において必ずや用いるであろう論拠から、あらゆる力を奪ってしまうでしょう。[7]

弱小な国民は、こうした国際関係において用いるべき論拠をないがしろにするわけにはいきません。未来がどのような状態にあろうとも、そうした論拠はつねに強力な武器であり続けるでしょうし、おそらく小国が持ちうるもっとも強力な武器になりうるからです。このことはわが国民にとって格別重要です。というのも首相殿、あなたもよくご承知のように、わが国は、最近、何人かのブルガリア人、たいていは無責任なその人々によってなされた人道的・道徳的法への違反によって、重大な道徳的・政治的損害を被ったばかりだからです。

国の将来に思いを馳せるとき、どんなブルガリア政府がこのような責任を引き受けられるでしょう。ブルガリアのユダヤ人の数は少数です。また、国家は多くの合法的手段、可能な措置を手にしています。そうであれば、危険がどこからやってこようと、その有害な要素はすべて、害をなせない状態にす

7　これは、ドイツが敗れた場合に連合国と開始すべき交渉のことを意味する明確な仄めかしである。

ることができます。これが、新たな特別措置に訴えることを行き過ぎであると見なす最大の理由です。しかも、そうした措置は残酷なものであり、大量殺人を犯したという非難をも招き寄せかねないものです。そんなことになれば、とりわけ政府にとって重荷になるだけでなく、それはまちがいなくすべてのブルガリア人の責任と見なされることになるでしょう。そのような状況がもたらす諸結果は容易に予見できます。であればこそ、そうした状況を招き寄せてはならないのです。

そのような措置が取られれば、もはや誰もその責任を分かち持つことは不可能です。生きるためには空気が必要であるように、統治のためには最低限の法治をおこなう国家が必要です。ブルガリアとその国民の名誉は、単に感情の問題ではなく、まず何よりも、その政治的基盤を形づくる重要な構成要素です。それは大きな価値を有する政治的資本です。であればこそ、国民全体によって是認される正当性なしに、誰もその政治的資本を乱費することは許されないのです。

首相殿、われわれの深甚なる敬意をご嘉納ください。

（四二名の代議士の署名）

11　代議士、ペトコ・スタイノフの質問書

首相及び外務大臣宛の質問書

一九四三年三月二二日

首相殿

ソフィアから到着した情報によれば、一九四一年に獲得された領土〔西トラキア及びマケドニア〕に居住するすべてのユダヤ人――女性、男性、子ども、老人――を当局は力ずくで集合させたとのことです。わずかな所持品を整えることも、荷物を準備することも、十分な毛布や服を持つことも許さず、警察は彼らを貨車に押し込み、ゴルナ〔ゴルナ・オルヤホビッツァはブルガリア北東部のヴェリコ・タルノヴォ州の町、ソフィアから二三〇キロ〕、ジュマヤ〔プロヴディフ近郊の地名〕、ドゥプニツァ〔ブルガリア南部キュステンディル州の町、ソフィアから六五キロ〕へと連れていき、そこで彼らはタバコ倉庫に折り重なるように詰め込まれ、数日間、寒さとこのうえなく厳しい生活条件のうちに打ち捨てられました。

同じ時期に、「もともとのブルガリア領」であるプロヴディフ、キュステンディル、パザルジク〔ブルガリア南西部パザルジク州の州都〕、そして他の町々のユダヤ人たちも同様にして自分の家から追い出され、力ずくで仮の滞在場所に集合させられました。しかしその後彼らは、そのようにして集合させられた理由も、また完全に釈放されたのか否かも告げられずに解放されました。

今、告げられているのは、何千人ものユダヤ人――女性、男性、子ども、老人――を乗せた貨車がル

ーマニアとの国境の町ロムに向かったこと、そして途中駅で降りることも、身近な人々と話すことも許されなかったことです。昨日から、彼らはロムの港に停車している貨車のなかで寒風にさらされ、どこに連れていかれるのかもわからずに、家畜のようにそこに折り重なっています。

今朝早く、そのユダヤ人たちはドナウ川に浮かぶ平底船に乗り始めましたが、行先は相変わらずわかりません。

これらのできごと、つまり新たに獲得された領土に住むユダヤ出自の人々がこのように力ずくで外国人の手に渡されるという事実について、国会で審議がなされるよう私は求めます。そして次に列挙する諸点について、私にお答えくださるようお願いいたします。

一　新たに獲得された領土で当局がすべてのユダヤ人を集合させたこと、ただし、それ以前に外国籍を得たユダヤ人はそこには含まれなかったというのは本当ですか。もしそうであるなら、あらゆるユダヤ人に対して遂行されるべきだと公《おおやけ》に認められているこの闘いにおいてそのような措置を取ることは、外国籍のユダヤ人に降伏したに等しいのではありませんか。

二　もし、政府がそれらのユダヤ人をブルガリア国籍の所持者と認めず、彼らにブルガリア国籍を与えるのを拒否するというのなら（一方、すべてのトルコ人、アルバニア人、ギリシャ人、アルメニア人、そして他の少数派民族に属する人々は、一九四三年四月三一日を期限にブルガリア国籍を選択できます）、彼らをいきなり力ずくでかどわかしたりせず、彼らが国籍取得を選択した国へ向けて出発できるように、彼らに所持品を整えるための猶予を与えるべきではないでしょうか。

三　ロムの港で平底船に乗せられているユダヤ人たちが誰なのか教えてくださるようお願いいたします。ブルガリア国民なのですか、それとも外国人なのですか。もし彼らがブルガリア国民であるなら、たとえ彼らがユダヤ出自であっても、ブルガリア政府には彼らを国外に追放する権利も、強大な外国に彼らを引き渡す権利もありません。彼らにブルガリア領を去るよう強《し》いることがあるとすれば、それは外国からの圧力がそれを要求する場合のみです。しかしその場合でも、追放される人間に、自分がその国の公民として属する国へ向けて出発するか、あるいは自分が選択する国へ向けて出発するか、選ばせるべきでしょう。この場合、もしエーゲ海沿いの西トラキアが問題になっているなら、またもし彼らが本当にブルガリア国民になっていないなら、彼らはドナウ川に浮かぶ平底船に乗せられるのではなく、彼らが国籍を保持したままになっているギリシャへ向けて直接に送り出されるべきでしょう。

四　もし今なされていることが、まさしくわが国の領土に住むユダヤ人の外国への引き渡しであり、その行為が当該国との協定に基づくものであるというなら、その協定は国会による承認を経ることが不可欠ではないでしょうか。それとも、普通に生活している人々――女性、男性、子ども、老人――の自由を奪い、彼らを力ずくで外国に引き渡すことなどまったくたいした問題ではなく、それゆえに国民の代表者による承認は必要ないというのでしょうか。

五　西トラキアとマケドニアがブルガリア国家に併合されるか否かはいずれ決定されるでしょう。国会は一度ならず、この新たな領土を併合すべきものとして扱ってきましたが、この領土における国籍に関わる政令が国際法に照らして妥当かどうかはいずれ疑問に付されることでしょう。実際、それらの政令は、これらの領土に生活し、公民として恒常的に居住している人々、たとえばユダヤ出自の人々から、ブルガリア国籍と外国籍のいずれかを選択する権利を剝奪しようとしているように思われます。政令上、これらの人々の国籍はいったいどこなのか、お教え願います。

P・スタイノフ

ブルガリア憲法の第一〇七条、及び民法の第六三条に基づき、私はあなたに次のことをお尋ねします。あなたは、国会に対していつこの問題を審議日程に載せ、代議士たちに検討させるのでしょうか。

私の敬意の表明をご嘉納ください。

12　首相、ボグダン・フィロフの日記

日記の抜粋

一九四三年二月一七日水曜日　国王に拝謁。（…）ルコフの殺害[8]について、私が国王にした説明は、それが「外国勢力」によるもの、あるいは「ブルガリアの敵」によるものだと言って満足してはならないということだった。こうした常套句は不明瞭なものであり、誰をも納得させられず、疑いは政府に降りかかってくるだろう。国民は具体的な説明を望んでいる。われわれは調査を真の殺害者のほうへ向けねばならない。疑いなくそれは共産主義者たちである。捜査の結果によれば、ルコフは数日前に指物職人[9]を殺した者たちが使用したのと同じ拳銃で殺されているからである。われわれはこれらの殺人を、共産主義者とユダヤ人に対する闘いの強化へと結びつけねばならない。極端なことはすべきでないし、おそらく、当面は今以上のことはできないだろう。しかし政府は少なくとも、こうした挑発は許さないという

8　「軍団連盟」総裁であるクリスト・ルコフ将軍は一九四三年二月一三日にレジスタンス活動家たちによって殺害された。
9　やはりレジスタンス活動家たちによって殺害された煽動者。

印象を、つまりこうした挑発にはこれまで以上の厳しい措置で立ち向かう決意をしているという印象を与えねばならない。現在求めねばならないのは政治的効果である。

　この機会に、私は国王に、二日前に〔ソフィア駐在ドイツ大使の〕ベッケルレが私に報らせてきたこと、すなわち彼らの〔ドイツ〕政府はわが国がイギリス政府とのあいだで話し合ったユダヤ人の子ども四〇〇〇人と成人五〇〇人のパレスチナ送り（スイス大使館の仲介で）を好ましく思っていないと報せてきたことを思い起こさせた。ユダヤ人に対するそうした行為はイギリスのプロパガンダに利用されるだろうし、アラブ人たちの不満を引き起こすだろう。これをドイツ人は避けたがっていたから、私はベッケルレに同意した。私がさらに国王に思い起こさせたのは、パウル・シュミット〔一八九九－一九七〇、ドイツの通訳、ヒトラーの公式通訳者として知られる〕がベルリン駐在のザゴロフに、わが政府に対するドイツ人たちの態度について語ったことである[10]。ザゴロフによれば、ドイツ人はわが国の内政問題に首を突っ込みたいとは思っておらず、共産主義者とユダヤ人の問題を片づける用意があるなら、いかなる政府であっても支持するつもりでいるらしい。彼らの考えでは、共産主義者とユダヤ人には新たなヨーロッパで占めるべき場所は存在しないということだ。そして、共産主義者とユダヤ人さえ排除できれば、町中に現れる人々については、その政治傾向が左翼的であっても国粋主義的であっても気にしないということだ。国王は私に同意した。もっとも国王は、私の説に納得したようには見えなかった。（…）

　この件では、彼[11]〔ミコフ〕と話した後で、私は〔内務大臣の〕ガブロフスキも呼び寄せた。私とガブロフスキは一緒に状況を仔細に分析し、以下の決定を下した。

一、新聞で反共産主義、反ユダヤのキャンペーンを始めるとともに、彼らに対する抑圧の措置を強化すること。

二、ルコフの殺害者たちを発見した者に巨額の報奨金を与えること。（…）

三月一一日木曜日　本日、ユダヤ人の子どもたちのパレスチナ送りの件で〔スイスの代理大使である〕レダールの訪問を受けた。彼は私に〔スイスの国際関係部局から届いた〕電報を読ませたが、その電報は、送り出す子どもを指名する三人のユダヤ人からなる委員会の創設を要求していた。私は彼に、この要求は受け入れられず、われわれ政府としてはそうした指名の権利を自分のものとして留保すると答えた。もっとも、それ以前に、この送り出しに付随する技術的諸問題を解決せねばならなかった。彼はまず一〇〇人規模での送り出しを提案した。これについては内務大臣がすでに承認を与えており、この人数なら貨車二両あれば済むだろう。続いて話し合われたのは、われわれが強制収容所送りにする新たな領土のユダヤ人についてである。レダールは、このユダヤ人たちもパレスチナで受け入れてもらえるよう電報を打つと提案した。私の答えは、今となってはもはや遅すぎる、なぜなら、彼らは数日後に出発するからだ、というものだった。「彼らはどこへ行くのか」という彼の質問に私は「ポーランドだ」と答えた。「それは彼らが死ににいくということですよ」と彼は言った。私が彼に説明したのは、それは言い過ぎであり、彼らは工員として使役される（われわれはユダヤ人たちを工員として送り出していた）ということだった。彼の私への答え

10　パウル・シュミットはドイツ外務省の報道局長、スラヴチコ・ザゴロフはベルリン駐在ブルガリア大使。

11　ニコラ・ミコフ（一八九一－一九四五）は当時国防大臣で、後に摂政となり、一九四四年の人民裁判によって翌年処刑される。

は、そんなことはなく、ユダヤ人たちは非人間的な仕方で遇されているというものだった。私が断固とした口調で返した答えは、大都会の平和を好む住民がかくも残酷に殺されている今日にあって、もはや人道などということを語れはしないというものだった。[12] 彼は私にすぐさま同意し、ブルターニュのレンヌ上空でおこなわれたばかりのイギリス軍による攻撃を話題にした。この町には軍事工場もなかったし、戦略的な重要性もなかったのだ。戦争は日増しに残酷になってきている。この点で、私とレダールの意見は一致した。私はわが国におけるユダヤ人の有害な影響について強調し、われわれには自分を守る権利があると言った。それはまさしく、わが国も他国の軍事作戦の舞台になるかもしれないからである。わが国民はつねにこのうえなく寛容な国民だった。しかし、今現在われわれは、通常のときであれば間違いなく用いられない措置の採用を強《し》いられている。[13]

三月一五日月曜日　一六時半から一八時半まで拝謁。私たちがとりわけ話し合ったのはユダヤ人問題についてであり、国王は断固たる姿勢を取りたがっている。閣議における討議のことも話題になった。その討議において、私はいくつかのものの見方を閣僚たちに飲み込ませねばならなかったのだが、たとえそれが何人かの閣僚の辞任を招くとしても、国王はこうしたやりかたを完全に是認した。

三月一九日金曜日　私は今朝D・ペシェフからユダヤ人問題についての請願書〔本書一一一頁〕を受け取ったが、そこには四三人の代議士の署名があった。もっともペシェフは、昨日私が〔カルフォフを介して〕[14]要求すると、その請願書について私と話し終えるまではそれを私宛に送付することはしないとカルフォフに約束したはずだった。この請願書は重要な意志表明であり、重大な結果を招くだろう。今や私にはっきり見て取れるのは、ユダヤ人がどれほど強い影響力を持ち、どれほど有害であるかということだ。正午ごろ、S・ヴァシレフ[15]に連れられた何人かの代議士がやってきて、この請願に抗議した。私が彼らに言ったのは、この問題はとても重要であり、ここから生じるあらゆる結果を検討するために、国会多数派の集会が召集されねばならないということだった。

三月二〇日土曜日　私がセヴォフ[16]と話し合った後、われわれは閣議でペシェフからの書簡〔請願書〕を検討した。私の強い主張により、われわれはとくにこの機会を利用して、多数派に内閣への信任の問題を提議し、またペシェフの国会副議長職からの追放を要求し、請願書への署名を撤回しない者の閉め出しを圧力の手段として、多数派の動向をテストすることにした。これをおこなうにはちょうどよい機会だった。なぜなら、もし新たな選挙をおこなわねばならなくなるにしても、またユダヤ人問題が選挙のよい宣伝材料になることを考慮に入れなくても、国会の会期は終わろうとしていたからだ。もちろん、政

12☆　フランス・ブルターニュ地方の中心都市レンヌは、一九四三年三月及び五月、そして一九四四年六月にイギリス軍、アメリカ軍による激しい爆撃を受けた。
13　このフィロフの日記の後に収録されたレダールの報告書（本書一三〇頁）を参照されたい。
14　クリスト・カルフォフは国会議長だった。国会副議長がペシェフである。
15　スラヴェイコ・ヴァシレフは国会多数派に属する代議士である。
16　建築家ヨルダン・セヴォフは国王の個人顧問である。

府はそんな書簡など無視もできた。しかし、閣議において私は、問題をしっかり提起すると述べたうえで、たとえ数が少なくなっても私には信頼できる多数派のほうが、いつ政府に害を及ぼすかわからない人間たちよりも好ましいと言明した。Ｐ・キオセイヴァノフが今日私に面会に来て、署名撤回の旨を書面で残していった。同様に、スパス・マリノフも署名を撤回すると昨夜言ったが、私は彼にその撤回を書面によっておこなうよう要求した。[17]（…）

三月二三日火曜日　今朝私は国王のもとへ赴いた。（…）国王は多数派がペシェフに対して非難決議をおこなうこと、そして彼をこれ以後、害をなせる状態にしておかないことに同意した。

三月二四日水曜日　ユダヤ人問題についてのペシェフの書簡に関わる多数派の集会。私がペシェフに彼の態度の誤りを非難した長時間に及ぶ骨の折れる討議の後、私は内閣への信任の問題を提議し、ペシェフへの非難決議を提案した。出席した一一四人の全代議士が、ユダヤ人に対して取られた措置を含むあらゆる議題について、政府への全面的な信任を表明した。同時に、四三人によって署名されたペシェフの書簡は撤回されたと見なされることが強調された。ただし、国会副議長としてのペシェフへの非難決議については、多数派は分裂した。六六人が賛成し、三三人が反対し、一一人が棄権した。四人の代議士は投票の前に会議の席を離れた。ソティール・ヤネフ、セラフィム・ゲオルギエフ、ドゥロフ博士、Ｓ・チャルブロフである。この連中は「穏やかな良心の持ち主」だった。ペシェフの書簡への署名をすでに書面によって撤回したＰ・キオセイヴァノフは集会に出席していなかった。投票の後、ペシェフはその集会で辞任の要請を受けたにもかかわらず、書簡を書いたのは自分であり、それは自分が進んでおこなったことであるから、その全責任は自分が引き受けるとかなり悲壮な口調で言明したが、辞表の提出は拒んだ。投票の後、ペシェフが口火を切って、私とのあいだで角の立つ激しい言葉のやり取りが多少あったが、そのとき、彼は私に、今回の私の振る舞いを私がいつか後悔するだろうと仄めかした。これに対し私は、誰もが自分の行為の責任を取らねばならないと答え、次の言葉で締めくくった。「おまえさんがこれを欲したんだよ、ジョルジュ・ダンダン。[18]」私がそう言ったのは、長いこと彼は今起きたばかりの結果を自ら招き寄せてきたのだということを、彼に理解させるためだった。実際、私はペシェフの仮面を剝ぐためにこの集会を開いたのだし、それは完全に成功した。ペシェフが政府を攻撃しようと望んでいたこと、たとえ政府を転覆しようとはしないまでも、政府の立場を傷つけようとしていたことを、この集会では皆が理解した。このことは、ペシェフが政府への全面的信任に賛成投票をする妨げとはならなかった。というのも、私は投票以前に、政府に対する信任投票は完全で全面的なものでなければならず、政府の方針のある点について信任し、他の点について忌避するなど考ええないことだと明瞭

17　ペタル・キオセイヴァノフは多数派に属する代議士で、ベルン駐在ブルガリア大使。スパス・マリノフもまた多数派の代議士である。

18　このモリエール〔一六二二－七三、フランスの俳優・喜劇作家〕の文はブルガリア語の文章中にフランス語で引用されている〔この台詞はモリエールの喜劇『ジョルジュ・ダンダンあるいはやり込められた夫』（一六六八）中のもので、主人公ジョルジュ・ダンダンに訪れた不幸は、そもそも彼の行状が招いたものだという意味で、劇の最後に彼に投げかけられるもの〕。

にしていたからだ。このような状況にあっては、ペシェフへの非難決議に対する三三人の反対投票は、最初の投票〔政府への信任投票〕と矛盾していた。なぜなら、政府への信任投票を私が提議する理由はペシェフを国会副議長から解任させるためであり、そのことを私はあらかじめ皆に告げていたからだ。それでも、私はそれ以上あえて皆を追求しなかった。というのは、二度目の投票はペシェフという人間に関わることであり、書簡に署名した彼の友人たちは、彼を見捨てることなどできなかったからだ。また、私はこの投票の際、ふたつの問題が混ぜ合わせられるのを望まなかったからだ。それは政府の政策が皆の同意を得ていることを明瞭に示すためだった。

三月二六日金曜日〔三月二五日の〕国会における最初の議題は、A・ポポフ博士の提案によるペシェフに対する解任決議についてだった。提案は審議なしに受け入れられた。このことが政府反対派、そしてペシェフの友人たちからの騒ぎと抗議を引き起こした。また、その少し後、採決のための議題が「新しく獲得された領地の問題」に移ると、発言者たちはペシェフへの解任決議の問題、ユダヤ人問題との関連で生じたその解任決議の問題を蒸し返した。ペシェフが辞表の提出を拒否したのはまったく大きな誤りだった。というのも、今や、誰もが、彼への解任決議は彼がユダヤ人を擁護したからだという印象を受けるだろうからだ。しかし、国会での演説では、T・コジュカロフ[19]もやはり私を攻撃し、ペトコ・スタイノフが私のことを落ち着き払った独裁者と見なしていると言った。実際、皆からすれば、私は真の独裁者と見え、断固たる人物に見えたかもしれぬが、それは国会においてのみである。彼は私のそうした断固たる姿を至るところに見たがっているらしいが、それはたとえば、ジャガイモをめぐる一件で彼が手痛い敗北を被ったからに過ぎない。だから彼は、この断固とした姿をふたつの側から指摘したいと思ったのだ。（…）

四月五日月曜日　午前五時に国王に拝謁。国王は自身のヒトラー訪問〔四月一日〕に不満である。国王が受けた印象は良好なものではない。（…）〔国王は〕長時間にわたってリッベントロープとユダヤ人問題について議論し、彼に、ユダヤ人はブルガリアではスペイン人〔セファラド〕[20]なのであり、彼らユダヤ人は他の国々で彼らが演じているような役割をまったく演じていないと説明しようとしたらしい。しかし、リッベントロープはこうした反対意見を受け入れず、ユダヤ人はどこまでいってもユダヤ人だと答えたらしい。またスペインの態度〔枢軸国側に立って英米と戦うことを拒否した〕によって引き起こされた不満もあったらしい。そして、バルカン半島の前線に対し、ヒトラーは島々、ギリシャ、ブルガリア国境を結ぶ第三の防衛線を設定しようと考えているらしい。（…）

四月一三日火曜日　午後五時にガブロフスキと一緒に国王のもとへ赴いた。（…）続いて私たちはユダヤ人問題について話し合った。国王は「もともとのブルガリア領」のユダヤ人のポーランドへの移送を避けるために、労働に適した者を全員、労働キャンプに入れようという意見である。ガブロフスキが、

19　トドル・コジュカロフもアレクサンダル・ツァンコフ〔本書一五二頁注13〕同様、政府反対派で右派に属する。彼もまたペシェフの書簡に署名したが、後に亡命に成功したツァンコフとは異なり、一九四五年に処刑される。

20☆　一四九二年、カトリックのスペインはイスラム勢力を駆逐するとともに、ユダヤ人を追放し、その一部はバルカン半島に逃げ、ブルガリアに定着した〔本書三九頁注18〕。

自分としてはブルガリア正教に改宗したユダヤ人たちをユダヤ教徒として扱いたいと述べたとき、私とガブロフスキが意見を同じくしないことを国王は理解した。私はガブロフスキの意見には、はっきりと反対した。ブルガリア正教主教会を苛立たせてはならないと懸念したからである。（…）

四月一五日木曜日　一〇時一五分前に私はヴラナ離宮[21]にいた。そこで私たちは国王とともに、主教のネオフィト、ステファヌ、ソフロニ、パイシイを待っていた。（…）私たちは主教たちとの会議を一〇時きっかりに始めた。国王はユダヤ人問題についてよくできた詳細な説明をおこない、この問題はブルガリアだけの問題ではなく、ヨーロッパ全体の問題であることを強調した[22]。続いてネオフィトとステファヌが発言し、おもにブルガリア正教に改宗したユダヤ人を擁護した。私が説明したのは、この問題について政府と主教会のあいだに意見の相違はなく、もしステファヌの回状が存在しなければこの問題はすでに解決していたはずだということだった。そもそもステファヌの回状には「自分の魂は喜びに満ちている」と書かれていたのだ。ステファヌは、改宗したユダヤ人に政府の意図をどのように告げるべきかについてあらかじめ私に尋ねなかったのは自分の誤りだったと告白した。私は彼に、この問題については書面による説明などおこなうべきではなかったと指摘し、また国会の雰囲気はユダヤ人に対して好意的でなく、国会が政府に委ねた措置はことさらユダヤ人たちの置かれた状況をあえて悪化させることを目的としているのだと指摘した。主教たちとの会議では、こうしてさまざまの観点が示された結果、現在政府は微妙な状況に置かれており、用心して行動せねばならないということが確認された。私はまた、大規模なプロパガンダがユダヤ人によって展開されていることを強調し、噂に動かされて行動してはならないと言った。そして、もし私たちに対して述べるべき不満が主教会にあるならば、それを私たちに知らせ、一緒にそれを検討していくということになった。私はこの機会を利用して、政府がおおいに苦々しい思いをしている事実を強調した。というのも、主教会は、大臣のひとりである私が主教会の願いをまったく聞き届けていないと述べているが、そのようなことを言われる筋合いはないからだ（私は例として、高校にける宗教教育の問題に示した解決法、宗教を教える教師の身分の問題に示した解決法について述べ、また、これまで国庫に納められていた宗務にかけられる税金の問題、主教の報酬の問題に示した解決法についても例として述べた）。国王も私の意見に同意して、ネオフィトが書いた書簡に国王として苦い思いを禁じえないとする見解を強調した。これに対しネオフィトは、その書簡は自分の個人的意見を述べたものではなく、主教会の意見〔本書一三五頁〕を述べたものだと反論した。全般的に言って、ユダヤ人問題について攻めの議論をおこなったのは私たちの側であり、主教たちは守勢に回らざるをえなかった。（…）

五月二六日水曜日　六時から七時までモスコフスカ通りの国王のもとへ赴く。国王はユダヤ人に対して取られた措置〔五月二一日に閣議決定された、ソフィアのユダヤ人の地方送致（居住地指定）の措置〕を完全に是認する。（…）

21☆　ソフィア郊外にあるブルガリア王家の離宮、夏の宮殿として用いられていた。
22　後に引く国王の発言を参照されたい〔本書一四二頁〕。

13　スイスの代理大使、シャルル・レダールの報告書

ベルンのスイス連邦政治局への報告

一九四三年三月一一日

スイスの国際関係部局の指示に従い、私はブルガリア政府に、もしユダヤ人の〔ポーランドへの〕強制収容所送りが相変わらず予定されているのであれば、これを中断し、イギリス政府がパレスチナで受け入れるブルガリアのユダヤ人の数を最大限度にまで拡張できるようにすることを依頼しました。ここ一週間ほど、西トラキア、マケドニアでおこなわれた乱暴な措置により、これらの地方のユダヤ人全員が集められ、ブルガリア国内の集合キャンプへ連れていかれました。彼らの人数はおよそ一万二〇〇〇人です。

今朝、私は首相のフィロフ氏と話し合いました。私が彼に問題を説明し、子どもたちをソフィアに集め、その後彼らを最初にパレスチナに送らせてほしいと頼んだ後、私は彼の人道的感情に訴え、彼らがポーランドに送られれば生命の危険があるので、彼らの強制収容所送りを阻止するよう要求しました。彼らがすると、これまでにない暴力的で激しい反応が返ってきました。私がブルガリア政府と関係を持ち始めて以来初めてのことです。普段のフィロフ氏はこのうえなく礼儀正しく愛想のよい人物なのですが。「軍事的重要性も、兵営も、軍事工場すらもない町々が爆撃を受けているというのに〔本書一二三頁注12を参照〕、ど

うしたら人道的感情などという言葉を使えるのですか。ブルガリア政府が取らざるをえなかった措置、今やそれを撤回することもないであろうその措置は、状況によって強《し》いられたものです。」

「われわれの敵の飛行機が女たち、子どもたちを無差別に殺戮し、こうして死と破壊を撒き散らしているとき、人道的感情など話題にしようがありません。われわれは全面的戦争の遂行を強《し》いられているのです。われわれは打ち勝つか、死ぬかのどちらかを選ばねばなりません。ドイツとブルガリアは労働力を必要としています。われわれはその労働力をそれがある場所から取ってきます。ユダヤ人の振る舞いは、ブルガリア国家の利害に対して敵対的です。彼らの存在は、もしブルガリアが軍事作戦の舞台になればおおいなる危険と化します。われわれの未来がどのようなものになるかは誰にもわかりません。おおいに話題になっている第二戦線〔フランス上陸によって開かれる戦線以外の、連合国軍によるドイツ攻略のルート〕はバルカン半島には置かれないかもしれません。しかし、そうした危険がゼロであるとわれわれに保障してくれるものは何もありません。それゆえに、私は残念ながらあなたの要求に応じることはできないのです。西トラキアとマケドニアから追放されたユダヤ人たちはポーランドに送られ、そこで工場やトート[23]の組織で働かされます。これまでのところ、『もともとのブルガリア領』で生活しているユダヤ人についての決定を政府はおこなっていません。しかし、そうした決定が決して取られないだろうとあなたに確言することもできないのです。われわれが、どのユダヤ人をパレスチナに出発させられるか、どのユダヤ人をブルガリアに留めるか、

23☆　フリッツ・トート（一八九一－一九四二）はドイツの土木技術者で古参のナチス党員。アウトバーン（ドイツの国有高速自動車専用道路）の設計に関わり、労働者組織にも携わる。

どのユダヤ人を一般政府[24]に送り出すかはわれわれが決定するでしょう。ブルガリアに留まるユダヤ人たちは動員され、ドイツのトートの組織に類する組織で働かせられます。この問題について、これ以上のことを申し上げることはできません。これまでわれわれは、人々の自由を保全しようと努力してきました。そのことはあなたもご存じのはずです。ブルガリア人にとって自由はとても大事なものなのです。しかし、現在われわれは、国家利益が何よりも重要な時代、政府が国民全体の安全に目を凝らさなければならない時代に生きています。われわれが取らねばならなかったいくつかの決定を、私は誰よりも先に残念に思っています。しかし私は主張します。ブルガリアのユダヤ人に対するわれわれの振る舞いは、軍事的重要性もない土地で静かに生きている人々を犠牲者にする爆撃よりも、人間的なものなのです。」

フィロフ氏は、クロアチア、スロバキア、ルーマニアのような国々においても類似の措置が取られ、イタリアとハンガリーだけがこれとは違った解決法を見出したと付け加えました。私がフィロフ氏に指摘したのは、私が受け取っている情報による限り、ルーマニアはポーランドへのユダヤ人たちの移送を断念したということです。これに対するフィロフ氏の答えは、自分が前年に受け取った情報はそれとはまったく逆のものであり、それによれば、ルーマニアには今やほとんどユダヤ人はいないというものでした。

私はフィロフ氏に、マケドニアにおける組織的な追放がユダヤ人だけを対象とするものか、それともそこに生活する別の民族も対象とするのか教えて欲しいと言いました。フィロフ氏は、ユダヤ人だけが追放されると答えました。（…）

会見の最後、愛想のよい微笑みを取り戻したフィロフ氏は、私に次のようなはっきりとした印象を抱かせました。ブルガリア政府はユダヤ人に関する決定を決して見直さないだろうということ、そしてバルカン半島の要塞の忠実な守護者たる現在の立ち位置を維持し、必要な場合にはそれを軍事的に守りながら、枢軸国の政策への支持をあらゆる手を尽くして断固継続するだろうということです。

連邦顧問官殿、私の深甚な敬意をご嘉納ください。

シャルル・レダール
スイス代理大使

24　ドイツによって併合されたポーランドの部分。

Ⅲ　居住地指定

この「Ⅲ」の部分には、一九四三年三月におこなわれたユダヤ人の一斉逮捕以後の時期に関する資料を集めている。まず提示されるのは、ブルガリアのユダヤ人の保護の第一線に立った主教会議の議事録である〔本書一三五頁〕。それに続くのは、主教会が国王ボリス三世に宛てたメッセージに対する国王の発言記録である〔本書一四一頁〕（この発言の概容はすでに掲載したフィロフの日記にも記されていた）。

他の三つのテキストは、一九四三年五月におこなわれたユダヤ人たちのソフィアからの追放と地方への居住地指定〔地方送致〕に関係する。最初のものはニコラ・ムチャノフとペトコ・スタイノフによる国王宛の請願書である〔本書一四四頁〕。彼らは当時もっとも目立った政府反対派の代議士で、以前から政府のユダヤ人政策に対して一貫して反対していたが、今やその意志を国王に宛てて伝えている。これに続く書簡はやはり国王宛のもので、議会外の政府反対派（だがやはり共産主義者ではない）から発せられたものである〔本書一四六頁〕。三番目のテキストは一九四三年七月に書かれたもので、ブルガリア労働者党（共産党）の機関紙『労働者の大義 *Rabotnichesko delo*』からの抜粋である〔本書一四八頁〕。

（ツヴェタン・トドロフ）

14　主教会議の議事録

ブルガリア正教会臨時主教会議議事録[1]

一九四三年四月二日

書記による報告

臨時主教会議議長である副総主教〔ネオフィト〕の宣言

ブルガリア正教会主教会の通常幹部会議が開かれた後、ブルガリアのユダヤ人少数派の問題が、他のいくつかの問題とともに、最初の会議で検討された。この会議では、ソフィアの主教〔ステファヌ〕がこの問題について報告し、それによってユダヤ人問題局の企て、つまりエーゲ海沿いの西トラキアの新たな領地からすべてのユダヤ教徒とブルガリア正教に改宗したすべてのユダヤ人を収容所送りにしようという企てが判明した。彼らは封印された貨車でポーランド方面に移送された。「もともとのブルガリア領」に住むユダヤ人の〔国内〕収容所送りもまた開始されたが、その後いっとき中断された。私は、ユダヤ人代表団、とくに改宗したユダヤ人代表団を迎え入れた。また私は慈愛深いブルガリア人たちも迎え入

1　主教会議はブルガリアの一一人の主教（カトリックの大司教に相当する）の集合体である。その長は当時ヴィディン主教区の主教ネオフィトだった。

れた。誰もがブルガリア正教会に、この問題についての自らの見解を表明し、ユダヤ人を保護するように訴えた。ブルガリア正教会主教会はこの問題を検討し、特別の書簡をもって、首相に対し新たに働きかけることにした。（…）

臨時主教会全体会議をわれわれが召集せねばならなくなったのはこのふたつの問題（ユダヤ人の問題と、われわれのブルガリア正教会の組織と方針の問題）ゆえである。私は今日、ブルガリア正教に改宗したユダヤ人であれ、ユダヤ教徒として留まったユダヤ人であれ、わが国におけるすべてのユダヤ人の状況が検討されるよう要求する。加えて、二番目の正教会の問題が議事日程に載せられるよう要求する。

キリル、プロヴディフ主教 2

先日私は、主教会議幹部会に出席した主教の皆さんに、プロヴディフのユダヤ人の強制収容所送りをめぐり現在起きつつある事態についてお話しする機会を得ました。本日の会議でも、これに関するいくつかの事実をご報告したいと存じます。プロヴディフでは三月九日から一〇日の深夜午前三時にかけて、一五〇〇人から一六〇〇人のユダヤ人が逮捕されました。彼らは学校のひとつに監禁され、新たに獲得された領土――エーゲ海沿いの西トラキア――に生活するユダヤ人同様、ポーランドへと送られるはずでした。私がその情報を得たのは翌日のことでした。私には何が起きたのか正確にはわかりませんでしたが、その夜にブルガリア中のユダヤ人が逮捕されたのだろうと推測いたしました。駅では、彼らを移送するための特別貨物列車の到着が待たれていました。民衆のあいだの怒りの感情は大きなものでした。私にできたのは、主教会の決定と指示に従って、そして自分の良心に従って行動することだけでした。

私は国王陛下に電報を送り、われらが主の名において、あの不幸な人々を哀れに思うようにと懇願いたしました。続いて私は、その日プロヴディフにいた警察長官に話し合いを求めました。しかし彼とは接触できませんでした。私は地区の警察署長を探しましたが、彼もまた不在とのことでした。そこで私は警察署長の副官を呼び、「私はこれまで政府に対して忠実であり続けてきたが、今回この問題については自分の主教としての良心のみに従い、個人としての考えで振る舞う権利を留保する」と政府に伝えてくれるよう礼儀正しく彼に頼みました。それから私はブルガリア正教に改宗したユダヤ人たちを迎え入れました。私は彼らの気を鎮め、もし彼らが脅かされたなら、私の教会を避難所として提供すると言いました。そしてもし、私の教会のなかまで彼らが追い回されることがあれば、そのときはまた考えてみようと言いました。このときに私が模範としたのは、自分の仲間を救うことのみで満足せず、外国出自のキリスト教徒をも奴隷状態から買い戻そうと募金活動をおこなった、原始キリスト教徒たちの行動でした。その後私は、ユダヤ人を解放せよとの命令が正午ごろに出されたことを知りました。この命令は喜びのうちに迎えられました。私はブルガリアの警察を称えねばなりません。プロヴディフでは警察がユダヤ人に対し、正しく振る舞ったと認めねばなりません。

2　キリル（一九〇一－七一）はブルガリア第二の都市プロヴディフの主教であり、その後ソフィアの主教、さらにはブルガリア正教会の総主教（一九五三－七一）となる。

ステファヌ、ソフィア主教[3]

われらが兄弟たちもご存じのように、ブルガリアの少数派であるユダヤ人の大部分はソフィアで、またドゥプニツァ、キュステンディル、サモコフ〔ブルガリア南西部の町、ソフィアから五五キロ〕等々、ソフィア教区の周囲で生活しています。彼らはふたつの範疇に分かれます。ブルガリア正教に改宗したユダヤ人とそうではないユダヤ人です。国民保護法の公布〔一九四一年一月二一日〕前に改宗したユダヤ人もいますし、それが公布されたときに改宗したユダヤ人もおり、またその公布後に改宗したユダヤ人たちもおります。問題が主教会議で明らかになった現時点でもなお、私が検討を依頼されている改宗志願者は一五〇人おります。あの可哀想な人々の苦しみを私は毎日のように目撃しています。一日で私は四つの代表団を迎え入れました。〔一九四三年の〕二月初め、「防衛者《ブラニク》」[4]という組織がユダヤ人に対する迫害を宣言したときです。この組織の若い構成員たちは、通りでユダヤ人に対する乱暴行為に及び、彼らを立ち止まらせ、彼らからダビデの星を剝ぎ取ったうえで、それを付けていないことを口実として彼らを手荒く扱いました。多くの怪我人が出、また死者さえ出ました。私はまず母親の代表団を迎え入れました。彼女たちは私に、わが国において市民の自由、とくに子どもの自由が保障されるよう仲介してほしいと懇願しました。私にできたことは、その権能を持つ当局に、人間性と哀れみを示すよう懇願することだけでした。第二の代表団はユダヤ人が住む町の当局を代表する人々、第三の代表団はブルガリア正教への改宗ユダヤ人を代表する人々、第四の代表団はパートナー同士で宗派の異なるカップルを代表する人々でした。

恐怖に襲われたユダヤ人たちを私がどうにか鎮められたのは、おおいに尊敬すべきカラヴェロヴァ夫人[5]の手助けのおかげです。夫人は「防衛者《ブラニク》」による暴力行為を収めるために力を尽くしてくださいました。警察もまた、このユダヤ人攻撃を終了させるために介入してくれました。ところが、迫害が再開されるとすぐに、ユダヤ人が〔国内の〕強制収容所に集められ始めているという噂が流れました。またもや人々は不安に襲われました。再び代表団がやってきました。二月二八日頃、私はドゥプニツァ地方を周っていました。近辺に住むキリスト教徒の有力者たちがひどく困惑した様子で私に会いにやってきて、彼らの町のユダヤ人たちが逮捕されつつあり、たいへんひどい扱いを受けていると報せてきました。彼らが私に言うには、エーゲ海沿いの西トラキア地方からドゥプニツァに移送されてきたユダヤ人たちに、強制収容所がひとつあてがわれたということでした。私は寛容の徴《しるし》を見せるようドゥプニツァの当局に要求し、他の有力者たちも同じように働きかけました。この大勢の人間の介入によって、ドゥプニツァにもともと住んでいたユダヤ人は解放されました。エーゲ海沿いの西トラキアから来たユダヤ人については、彼らがブルガリアの住民ではなく外国人だったこともあり、私たちの介入の試みはさしたる効果を持ちませんでした。彼らが置かれた状況についての、おぞましい、胸を抉《えぐ》るような情景が私の耳にも届いてきました。ドゥプニツァの住民たちは同情心を刺激され、私に対して、「ソフィアに戻ったら、

3　一九二一年以来ソフィア主教を務めていたステファヌ（一八七八－一九五七）は一九四五年にブルガリア正教会の総主教代理（エクザルフ〔本書一五五頁注1を参照〕）となるが一九四八年に罷免され、生涯、ある村に軟禁される。本書一六五頁を参照されたい。

4　「防衛者」（ブラニク）は、「軍団兵」、「戦闘者」（ラトニク）と並んで、ブルガリアの反ユダヤ極右団体のひとつ。

5　エカテリーナ・カラヴェロヴァは、かつての首相ペトコ・カラヴェロフ（一八四三－一九〇三）の未亡人で、ブルガリアではたいへんな威光があった。彼女はユダヤ人たちのために、国王に直接働きかけもした。

〔ドゥプニツァの〕強制収容所に連れてこられたユダヤ人たちのために仲介して欲しい」と懇願しました。彼らの証言によれば、ユダヤ人たちは非人間的なまでに残酷な取り扱いを受けていました。しかしここでも、私の介入は壁にぶつかり、まもなく、〔国外の〕強制収容所送りになる人々はドナウ川沿いの各港へと連れていかれました。

　こうした事実が、私に主教会に宛てて三通目の報告書を書かせました。そして私に、ユダヤ人全体の、とりわけブルガリア正教会に改宗したユダヤ人のために、主教会が最高の宗教的権威をもってこの問題に介入するよう懇願させました。ユダヤ人たちは、ブルガリア正教会以上に権威をもって自分たちのために介入できる者が誰もいないこと、もしブルガリア正教会が精力的に介入するならば、その声が聞かれないことはないことをよく知っています。ブルガリア正教会に改宗したユダヤ人は、われらが聖なる教会の懐《ふところ》に真の子どもたちとして迎えられ、認められていると感じるために、私たちの側からのさらなる保護を必要としています。不幸なことに、国民保護法は、私が得た情報によれば、こうした問題を扱うのに必要な、客観的な見地を欠いた人々によって運用されています。われらが教会の介入がなければ、さらに大きな暴力行為と残酷な行為がなされることでしょう。たとえ他の不幸を考え合わせないにしても、わが国の善良な民はそうした行為をいつの日か恥じねばならなくなるでしょう。（…）

15

国王、ボリス三世の発言

ブルガリア正教会主教会に対するボリス国王の発言

（一九四三年六月二二日の記録　第六号）

一九四三年四月一五日の会議[6]にて

国王は言われました。「（…）今日皆さんにお集まりいただいた理由は、まさに総副主教である主教会議議長猊下が、ブルガリア総主教会全体会議の報告、及びおよびブルガリア正教会評議会総裁選挙に関わる総主教代理区の規則のいくつかの条項の変更と補足の計画を付して私に送付された書簡であります。もし私が猊下をよく知らなかったら、この書簡は私を悲しませたかもしれません。しかし、猊下が私に対し好意的な感情を抱いてくださることをずっと以前から私は知っていますし、猊下の聖職者としての熱意もよく存じております。これこそが、その書簡で猊下が述べられているあらゆる考えに、また総主教会の報告書に盛り込まれたすべての問題を明らかにする猊下の考えに当然の敬意を払う理由です。そ

6　主教会議議長ネオフィトが国王に宛てて提出した報告（本書一三五頁）の結果として、国王が首相フィロフに伴われて主教たちだけが出席する「幹部会」赴いたのは、この日である。フィロフもこの会議について日記に記している（本書一二八頁を参照）。

れゆえ、私はここに国家の最高権力の指導者たちと教会の指導者たちを一堂に集め、それらの問題をより明瞭にするために議論しようと考えました。まず私は、この書簡で扱われている最初の問題、すなわちユダヤ人の問題について手短に述べます。」

それから国王陛下は「手短に」その問題について語り始めました。それはたっぷり三〇分ほど続きました。(…) 国王はその演説のなかで、何世紀ものあいだ、ユダヤ人特有の投機の精神によって引き起こされた人類全体に対する巨大な損害について強調し、こう述べられました。「この精神は至るところで人々のあいだに憎しみを、また諸民族のあいだに信仰の喪失、道徳的頽廃、裏切りをもたらしました。この投機と虚無の精神は、諸社会と諸国民のあいだに不満、喧嘩、争い、戦争、不幸をもたらし、そして今ももたらし続けています。われわれが現在経験しつつある世界的破局も、その大きな部分はこの投機の精神によるものです。たしかにヨーロッパのいくつかの大国の人々は、この投機の精神によってユダヤ人たちが蓄積してきた富を利用する術《すべ》を知っています。しかしすでに、ヨーロッパの他の諸国民は、ユダヤ人による投機こそが自分たちの霊的・文化的・国民的・経済的発展への致命的な障害であることを知っています。そしてこれらの国民は、ユダヤ人による影響と搾取からの解放が早ければ早いほど、自らの国民感情と愛国心をより早く堅固なものにできることを知っており、それだけ成熟していると言えます。自らを解放するというこの目的は、ユダヤ人の手から、合法的な手段によって、さまざまな経済的・財政的・商業的・産業的企てを取り上げるのでなければ達成されません。ヨーロッパのあらゆる場所で、この方向を目指す法律が定められましたし、定められつつあります。わが国においてもそのような法律が制定されました。国民保護法です。その愛国心によって知られるブルガリア正教会が、この事態において、以上私が述べてきた意見と異なる意見を持つことはないでしょう。」

時間も遅くなったので会議は散会された。

（ブルガリア正教会主教会議構成員署名）

16　代議士、ニコラ・ムチャノフとペトコ・スタイノフの請願書

国王宛の請願

一九四三年五月二四日

陛下

昨日以来、ひとつのできごとがブルガリア社会に警報を発しております。当局は文書によって、多くのユダヤ出自のブルガリア人に、妻子とともに、三日以内に、限られた荷物を持って、いくつかの地方の町へ出発するよう命令しています。

これらの措置は、幼い子どもを抱えた家族、女性、未亡人、無力な老人、ブルガリアの一般市民、予備役の士官、予備役の下士官、その勇敢さによって叙勲された予備役の軍人、そしてブルガリア国家の功績者にしてブルガリア国家の利益のための献身にまったく疑いのない人々に適用されます。事実として押さえておかねばならないのは、この命令があまりに思いがけない形でふたりの聖人の祭日〔本書二七頁注12〕に発せられたこと、出発にはほんのわずかな猶予しか与えられていないこと、定められた貨車で出発するよう命じられていること、パンの配給券も取り上げられていること、そしてこれほど多くの家族を住まわせるだけの受け入れ住居すらまったく準備できていない町々に送られようとしていることです。こうしたすべてのことがらが、ブルガリア社会の広範な部分に困惑と怒りの感情を引き起こしてい

ます。

本日、私どもは代議士の資格で、首相フィロフ氏に面会にいき、ユダヤ出自のわがブルガリア国民へのこのような残酷な措置を停止するよう懇願いたしました。しかし、私どもの執拗な懇願にもかかわらず、またこれらの措置がどれほど非人間的で、法と憲法に背馳し、国家にとり有害であることを証明する私どもの論拠にもかかわらず、彼はそれらの措置の停止を拒み、さらにはその実施の延期さえ拒みました。

これこそがまさに、私どもが陛下に懇願いたすこととなった理由です。どうか陛下の広量な保護下に、陛下の臣下でありわれらが同国人であるこれらの人々を置き、わが国民の利害にとって有害な、ブルガリアの名声を穢《けが》すこうした残酷な措置の害に彼らがさらされることのないよう、お取り計らいをお願い申し上げます。

陛下、私どもの心からなる献身の表明をご嘉納ください。

ニコラ・ムチャノフ（ソフィア第二区選出代議士）

ペトコ・スタイノフ教授（カザンラク〔ブルガリア中部の町〕第一区選出代議士）

17　有力者たちの書簡

国王宛の書簡 7

一九四三年五月二六日

陛下

二日前から、ユダヤ人問題局はユダヤ出自のソフィアの住民に、最低限必要な身の回りの品々を荷造りし、自分たちの家具のリストを作成し、そのリストを提出し、三日以内に定められた時間に、家族とともにソフィア駅に来るように命令しています。彼らはその後、どこかわからない土地に送られ、そこに住まわせられ、そして最後にはおそらく国外に追放されるでしょう。

他の国民たちと同じ権利を享受するはずの、いかなる罪も犯していないブルガリア国民が、最近になって暴力的に町の郊外に集められた後に、このように強制的で大規模な追放措置を被ることは、広範なブルガリア人の反感を呼び起こすとともに、このような扱いを受ける無垢な同国人たちへの共感の念を呼び起こしました。このひどく残酷で苛酷な措置により、われわれは広量で寛容なわが国民が誇りとしてきた巨大な道徳資本を失うだけでなく、世界の良心を前にして自分たちの名の信用を失墜させ、未来にわたってわが国民の利害を傷つけてしまうでしょう。

平和を愛するわが国民の精神に合致しないこうした非人間的措置を停止させ、廃棄できるのは陛下だけであります。というのも、陛下こそ人格化された政府だからです。もし陛下がそうなさらないのであれば、陛下はその全責任をお負いにならねばなりません。

われらが同国人であるユダヤ人たちに対して今準備されつつあること、すなわち、何の罪もないエーゲ海沿いの西トラキア地方のユダヤ人を襲ったのと同様の強制収容所送りが進行しつつあることを陛下のお耳に入れるのは、私どもにとってそれが喫緊の義務であると考えたからです。私どもは、陛下がこのような致命的措置を必ずや延期してくださるだろうと確信しております。陛下は私どものこの警告をお聞き入れくださり、この措置を廃棄してくださるでしょう。

7　この書簡は、ツヴィアトコ・ボボチェフスキとダミアン・ヴェルチェフ〔本書三一頁〕というふたりの政治家が書いたものである。ふたりは共産主義者ではなく、議会外の政府反対派の構成員である。この書簡にはふたりと同様の政治勢力に属するD・カザソフ、N・ムチャノフ、Kr・パストゥコフ、N・ペトコフといった人々も署名している。

18　機関紙の記事

『労働者の大義』[8]に掲載された記事
――「ユダヤ人に執拗に襲いかかる十字軍」

一九四三年七月

ソフィアのユダヤ人住民の強制収容所送りはその最終段階に達しようとしている。ソフィアで生まれそこで成長した五万人以上のソフィア市民が力ずくで住居と自分の財産を捨てさせられ、ブルガリア国内のさまざまな地域に向けて出発させられている。[9]彼らは小さな集団に分けられ、互いに引き離され、武器も持たず、ブルガリアの国境から追われ、ポーランドという恐ろしいユダヤ人の墓所へと連れていかれるだろう。あるいはまったく別の場所にある、どこかの地獄のようなファシストの流刑所に連れていかれるだろう。

先月いっぱい、ソフィア市民たちは、ファシストの蛮人のみがなしうる数々の残虐な行為を目撃した。警察官と反ユダヤ組織「戦闘者《ブラニク》」の構成員がひっきりなしにユダヤ人地区をうろつき、強制収容所送りの不吉な命令を広めていた。誰をも不安に陥れたことのない、平和を好む民であり、その大多数が労働者であるユダヤ人は、ソフィアをわずか三日のうちに去らねばならず、自分の財産や家具を売り払う時間も方途も与えられず、生きていくのに欠かせない最低限の身の回り品さえ準備することを許されなかった。

ソフィアはこれまで聞いたこともないおぞましさに震え上がった。ここ数日体験させられた胸を抉《えぐ》るような数々の情景は、何年ものあいだわれわれの記憶に残り続けるだろう。こうした収容所送りが何を意味するか、人々はよく知っている。だから人々は家畜のように屠殺場に引き摺られていくより、自分の家で死ぬほうを選んだ。こうして、父親が妻と子どもふたりを殺した後自殺するという光景も見られた。ある母親は、窓から子どもを投げ捨てて殺し、その後で毒をあおった。このようなできごとは例外的なことではなかった。胸を引き裂くような叫びがユダヤ人たちのそれぞれの家から響きわたった。通りには、荷物の大きな山と家具の塊りがうず高く積まれるのが見られた。それらを哀れな貧乏人たちが買い漁っていた。ユダヤ人たちは、辛い仕事をしながらそれまでの人生で蓄えてきたすべてのものから、涙を浮かべながら身を引き離そうとしていた。

五月二四日、一万人以上のユダヤ人が[10]、塊りとなってソフィアの通りに姿を見せ、自分たちの生きる権利を守ろうとした。女たちは子どもを抱いて、この多くの人々の抗議行動の先頭に立っていた。彼らが要求していたのは、自分の生まれ故郷で生活し、働き、死んでいけるようにしてくれということだった。だが、このまったく正当な抗議デモに、ヒトラーに買収された政府は警察を送りつけた。猛り狂った警察官の群れが、四方八方からユダヤ人の塊りに向かって突進した。この猛り狂った犬どもは、いた

8　この非合法の新聞はブルガリア労働者党（共産党）の機関紙である。
9　ブルガリアに居住するユダヤ人の総数はおよそ四万八〇〇〇人である。そのうち、およそ二万五〇〇〇人がソフィアに住んでいる。ソフィアでは二万人近くが出発を強《し》いられた。
10　ここにあげられた人数は議論の種になっている。おもにユダヤ人からなる一五〇〇人という数字をあげる証人もいる。

いけな子ども、白髪の老人、身ごもった女に暴行をはたらき、ユダヤ人地区を本物の戦場に変えてしまった。機関銃と自動小銃で武装した何百という警察官が、通りを占拠した。狼の群れでもあるかのように、連中は家々に入り込み、女、子どもを打ち据え、男を逮捕した。

ブルガリア人が数世紀来、自由への、諸民族間の友愛への、そして神の光への自分たちの愛を表明してきた、スラブ人にとっての霊的導き手であるキリルとメトディオスの兄弟の祭日[11]は、こうして卑劣なファシストどもによって、涙と汚辱の日へと変えられた。このおぞましい犯罪はまともなあらゆるブルガリア人を怒らせずにはいなかった。まともなブルガリア人、真のブルガリア人たちは、ボテフとレフスキとカラジャ[12]〔一八四〇－六八、ブルガリアの民族主義者、国民的英雄〕の祖国たるわが国でこのような行為がなされてしまったこと、そしてわが国においてもファシズムが血に飢えた怪物どもを養い、その心が母親たちの涙、子どもたちの叫びを前にしても震えないような、他人の苦しみに快感すら覚える連中を生み出してしまったことを思い、恥辱を覚えていた。（…）

わが国の独立を売り渡し、わが国を奴隷と飢えの土地にし、わが国をその威厳にもっともふさわしい、民衆のなかの最良の人々の血で汚したのは、ボリス国王、フィロフ首相、そして連中の手先どもだ。連中は、われわれの隣人であり兄弟たる民であるユーゴスラビア人、ギリシャ人に対してひとつならずの罪を犯し、犯罪的なまでに目先が効かず、わが国を、ヒトラーとその同盟者たちもろともに、大口を開けて待ち構えている深淵に追い込みつつある。こうしたあらゆる犯罪のゆえに、政府と国王はブルガリア国民の怒りと憎しみを招き寄せた。連中がおこなっている下劣な政治を是認するのは、連中自身と、国民から蔑まれ、非難されている、限られた数のその子分どもだけである。だから連中は、民衆の注意と怒りを自分たちから逸らそうとする。ここに、ユダヤ人たちに対する、恥知らずで低劣な迫害の理由が隠されている。連中は、今日ブルガリア国民が耐え忍んでいるあらゆる不幸と幻滅の全責任をユダヤ人に負わせようとしているが、実は、そうした不幸と幻滅は政府の下劣な政治の結果なのである。

連中は、「ユダヤ人が戦争を引き起こした」「物価が上がったのはユダヤ人のせいだ」「わが国の経済生活全体を支配している投機もユダヤ人のせいだ」などと言いたいらしい。

だがどうして、われわれに安全ピンや靴ひもを売るぼろ着の行商人や、トラペジスタ通りとセルディカ通りを行き交う荷車引きや荷担ぎ人、ポジタノ通りの舗道で黙って煙草をふかしている疲れ切った老人、何千というユダヤの女や子どもたちが、今この町を支配しているファシストどもの残虐行為の責任者でなければならないのか。どうしてこの哀れな人々、この極貧の人々が、今日の物価高に責任を負わねばならないのか。まるで、わが国で物価高が始まったのは、いつも食べ物に卑しいドイツ人の口がわれわれに見え始めた時期と同時ではなかったかのようだ。わが国から食糧その他の産物がドイツに送られ始めたこと、わが国の市場が価値のない紙幣の洪水に襲われたこと、これらが恐ろしい物価高の始まりと無関係であったなど誰が信じられるだろうか。ブルガリアの全国民はまた、大臣たちとその取り巻き連中が戦争状態から巨額の利益を得て、投機と闇市を利用して巨大な財産を築き上げてきたことを知っている。（…）

11　五月二四日は、ブルガリアではスラブ民族へ福音を告げた「キリルとメトディオス」というふたりのブルガリア文化の先導者の祝日である。学校の生徒や大学生たちが参加する行進がほとんどすべての町で組織される〔本書二七頁注12も参照〕。
12　十九世紀に、オスマン帝国の軛《くびき》からブルガリアを解放するために戦った英雄たち〔本書八一頁注7も参照〕。

ブルガリア国民よ、ブルガリアの政治家よ。

沈黙のうちに抗議し、沈黙のうちに不満を抱くだけでは十分ではない。それだけではファシズムによる専制は失墜しないし、わが国民は飢えと略奪と恐怖から救われない。国民の解放の闘いのためにあらゆる力を合わせねばならない。誠実なすべてのブルガリア人、そして自尊の感情を持つすべての政治家は、祖国戦線の旗のもとでなされる闘いに結集すべきである。

国王、政府、そして国民のあいだでよく知られたツァンコフ、ジェコフ[13]のような殺戮者の周囲に集まるすべてのヒトラー主義者の犯罪的な意図をくじくために、民主的・愛国的なあらゆる勢力を糾合できるような、ユダヤ人のための力強いキャンペーンを組織することは、すべてのブルガリア人にとっての愛国的な義務である。

われわれはあらゆる人々に、ユダヤ人の国外収容所送りの問題はまだ終わっていないことを報せる。政府は一時的にその収容所送りの延期を強《し》いられた。しかし、機会が訪れれば、その犯罪的な意図を最後まで完遂しようとするだろう。継続的で大胆で執拗な闘いだけが、政府を失敗に追い込めるだろう。世論とすべてのユダヤ人は警戒せねばならない。（…）

われわれの努力をひとつにし、大胆に、決然と振る舞うことによって、われわれはファシズムの怪物を打ちのめせるだろう。

13　アレクサンダル・ツァンコフ教授（一八七九―一九五九）とジェコフ将軍は極右に属する政治家。ツァンコフは「右派」の政府反対派に属していたが、それでもペシェフの請願書（本書一一一頁）に署名した。

Ⅳ 回想

この「Ⅳ」の部分に翻訳されているテキストは、「Ⅰ」から「Ⅲ」までの資料とはまったく異なる性質のものである。以下に収録する資料の多くは、できごとが起きてからずっと後になって書かれた回想だからだ。

これらのうち、ディモ・カザソフ（一八八六－一九八〇）の回想〔本書一五六頁〕だけが、一九八九年〔この年、ジフコフによる共産党一党体制が終わる〕以前にブルガリアで出版された。その言葉遣いからもそのことが感じられる。カザソフは一九四四年のクーデタ以前からすでに長い政治的経歴を有していた。しかし、クーデタの直後、彼は共産主義権力に奉仕することにした。今回収録した彼の回想は、数冊の互いに異なる回想記から抜粋されている。最初の部分〔一九三五年〕の出典は『私の人生に起きたこと *Prezhivelici*』（Sofia, Ot. front, 1979, pp.128-129）であり、第二の部分〔一九四〇年〕の出典は『見たこと、経験したこと *Vidjano i prezhivjano*』（Sofia, Ot. front, 1969, p.612-615）であり、第三の部分〔一九四三年〕の出典は『多くのことが起きた数年 *Iskri ot burni godini*』（Sofia, Ot. front, 1987, p.181-183）である。

「Ⅳ」の部分の他のテキストが文書の堆積から姿を見せたのは一九八九年の共産主義の失墜後だった。一九四五年から四八年までブルガリア正教会の総主教代理《エクザルフ》[1]だったステファヌは波乱に満ちた運命を経験する。独立心の強い精神の持ち主である彼は、第二次大戦中に彼が擁護した人々同様、罷免されて国内の強制収容所に入れられ、バニャ村〔ブルガリア中部プロヴディフ州に属するカルロヴォ近くの村〕に居住地を指定される。彼はバニャ村で回想録を一九五〇年に書く〔本書一六五頁〕。ここに掲載されている抜粋は、『生き残り *Oceljavaneto*』〔本書六四頁を参照〕に掲載されたものである。

代議士ペシェフを巻き込んだ挿話については今日刊行されているいくつかの回想、とくに一九七三年に書かれた代議士ペタル・ミカレフの回想と、一九七六年に書かれここに収録されている商人アセン・スイチュメゾフの回想〔本書一七三頁〕に見出されるが、彼らはキュステンディルの住民の代表団としてソフィアに赴いている。

ペシェフ自身の回想は、ソフィアのブルガリア国立文書館に勤務していた協力者の勧めで一九六九年から七〇年にかけて書かれた〔本書一七九頁〕。家族のもとで保存され、現在も残念ながら参照できない一九四四－四五年の人民裁判に関わる手帳を除き、ペシェフの手稿は国立文書館に寄託された。ペシェフはこれらの回想を、出版するためではなく、歴史の証言として書いた。このことによって、彼がその判断において示す自由さが理解できる。国立文書館に寄託された文書のうち、ユダヤ人迫害に関するページはほんの一部でしかない。そのページをここではすべて掲載した。この回想において、ペシェフはまず戦前のブルガリアの経済生活においてユダヤ人共同体が占めていた地位について記述し、次いで初期のユダヤ人迫害の経過を跡づけ、最後に自分が個人的に関係した挿話の話に至っている。

ペシェフのテキスト中の段落分けはわれわれによるものである。

ディモ・カザソフ、ペタル・ミカレフ、ディミタール・ペシェフ、アセン・スイチュメゾフは、イスラエル国立ホロコースト記念館によって顕彰された一三人のブルガリアの「義人」に含まれている。

（ツヴェタン・トドロフ）

1☆　ブルガリア正教会の首座主教に与えられる称号。

19　ジャーナリスト・政治家、ディモ・カザソフの回想

（一九三五年）

暴力と誤魔化しによる選挙の勝利後、もし恐怖の支配をいき渡らせなかったなら、ヒトラーは権力の座に留まれなかっただろう。ダハウ、アウシュヴィッツ、マイダネク、[2] ブーヘンヴァルト、[3] そしてマウントハウゼン[4]に設置された強制収容所と呼ばれるものを発明したのはヒトラーである。最初に設置された強制収容所のひとつは、ミュンヘンからほど遠からぬ場所、ダハウの村から二キロの位置にあった。一九三四年に開設されたこのユダヤ人虐殺の現場には、死体焼却所、危険で致命的なものにもなりかねない医学実験のためのいくつかの手術室があった。

ミュンヘンを訪問するブルガリアのジャーナリスト集団に参加していた私は、同僚たちとともにダハウに連れていかれたが、それは私たちに、第三帝国〔ナチスドイツ〕にとって危険な「犯罪人」〔ユダヤ人を指している〕がどのような――良好で人間的な――条件下で生活しているかを見せるためだった。

私たちは有刺鉄線に囲まれた強制収容所の入口の前で待たされた。そこでは、自動小銃で武装したふ

たりの兵士が見張っていた。入口の上には水平な台が載っており、そこには二丁の機関銃の銃口が見え、その前にひとりの歩哨が立っていた。守衛たちの首には双眼鏡が下がっていた。彼らのひとりは、背中の後ろにある警報ベルに寄りかかっていた。軍服を着たひとりの男が信じられないような素早さで私たちの前に現れた。私たちに付き添っていた守衛は彼と数語を交わすと、私たちの前から姿を消した。私たちは待った。一五分ほど経つと、収容所の所長が私たちの前に立ち、ファシスト流儀で私たちに敬礼した。私たちは彼に付いていった。

私たちは明るく広く設備の整った指物師の仕事場の前を通ったが、そこでは前掛けをした多くの囚人が働いていた。私たちは、多数の男たちがいる場所を通ったが、彼らは私たちをちらりとも見ようとしなかった。その態度が何を示しているかは明瞭だった。それは、彼らの目から見ればナチスに他ならない連中が示す、自分たちへの好奇心に対する沈黙の抗議だった。その仕事場を通って私たちは、小さないくつものバラックが密集する広い中庭に入っていったが、バラックの扉はみな開け放たれていた。私たちはひとつのバラックの内部をちょっと覗いてみた。そこには上下二段の簡易ベッドがあった。そのすぐ脇には幅の狭い横長の小さなテーブルがあった。椅子はなかった。椅子代わりになっているのが簡易ベッドの下段であることはわかったが、背を曲げなければそこには座れなかった。テーブルの上には二枚の写真があった。一枚はひとりの男とひとりの女の肖像写真で、もう一枚には学校に通っている年

2☆　ナチスドイツが第二次大戦中に設置した強制収容所でポーランド東部のルブリン郊外に位置する。
3☆　ナチスドイツがドイツ中部のテューリンゲン地方、エッテルベルクの森の丘の麓に設置した強制収容所。
4☆　ナチスドイツがオーストリア北部のオーバーエスターライヒ州マウントハウゼン近くに設置した強制収容所。

頃のふたりの幼い少年と老人カップルが写っていた。たったひとつの場所に、大きな苦しみと小さな慰めを集めた小さな置物がふたつ、それがすべてだった。

長く響きわたるブザーが、私たちを小さなバラックにうずくまった人間の悲劇から呼び覚ました。正午だった。あちこちから仕事着の人々がなだれ込み、広大な中庭の中心に進んでいった。彼らは列をなして並び、待機した。すぐにひとりの将校がやってきた。「ハイル・ヒトラー！」〔ヒトラー万歳！〕という大きな叫び声が空気を激しくつんざいた。犠牲者たちは彼らの異端審問官に挨拶を送ったのだ。将校が合図をすると、楽団がヒトラー方式のマーチを奏で始めた。次いで彼らは食堂のほうへ急いだが、私たちにはその食堂は見せてもらえなかった。また他の仕事場も見せてもらえなかった。帰りに私たちが有刺鉄線に沿って歩いていると、案内者は私たちに有刺鉄線に近づかないように警告した。というのも、有刺鉄線には昼夜を問わず電流が流されていたからである。

私たちがダハウで見たのはこれがすべてだった。そこにはガス室も外科手術室も石造りの独房もあった。それらの独房には外気も入らず、一筋の陽光も差し込まなかった。

参加した私たちのあいだには、政治的意見にさまざまの違いがあったが、その全員がまったく打ちひしがれてダハウを後にしたことは言うまでもない。（…）


（一九四〇年）

九月一四日、またルーマニアでクーデタが起きた。ドイツの第五部隊によって引き起こされたものだった。ドイツのナチス党を模範とする「鉄衛団」が国家指導政党と宣言され、その指導者であるホリア・

シマ〔一九〇七‐九三、ルーマニアの民族主義集団「鉄衛団」の指導者〕が副首相となった。

ヒトラーへの忠誠心を披露するにあたり、ブルガリア政府はルーマニアの同盟者たちに調子を合わせようと、国民保護法案を公表した。これは内務省において練られた、ユダヤ人を法律の保護外に置こうとする法案だった。

この法案はブルガリア国民からの激しい抵抗にぶつかった。ブルガリアに現れた新たな人種差別主義者たちは、諸民族間の完全な平等のために闘ったかつての何千もの戦闘者たちの血を飲み込んだ土地に、反ユダヤ主義を接ぎ木しようとしていた。ブルガリア国民の寛容な心はそれを甘受することなどできない。ブルガリア国民は、奴隷制度、抑圧、権利剥奪が何を意味するかよく知っていた。だから、彼らは、何びともそのような不名誉な社会的状況に苦しんで欲しくなかったし、ブルガリア国民の歴史、諸伝統、闘いを穢《けが》すような恥ずべき立法措置には無関心でいられなかった。そこで人々は、抗議や請願によってヒトラーが垂範するこの食人行為に抗して立ち上がった。知識人たちも、検閲や諸規則に逆らって、政府が企てたこの反ユダヤの十字軍に対して非難の意志を表明し、堂々と自分たちの義務を果たした。こうした数々の抗議にもかかわらず、また法案に対するブルガリア国民の明確な非難にもかかわらず、この法案は一一月六日〔本書一八三頁のペシェフの回想では一〇月七日〕に国会に上程された。

この法案に対して人々が抱いた感情は、単に反ユダヤ主義を支持するか支持しないかといった枠組みを大きく越えるものだった。その感情は、世界的に対立するふたつの陣営に関わっていた。民主主義陣営とファシズム陣営である。この法案に対して示す見方の違いによって、個々のブルガリア国民がこれらふたつの陣営に対してどのように自らを位置づけているかがより明瞭にわかった。この法案に率直に反対していたのは、工員、農民、職人、それに商業・産業ブルジョアジーのうちの進歩的な人々や教会、そして知識人だった。貪欲な商業・産業ブルジョアジー、ドイツかぶれで獲物に飢えた知識人、そして袋小路に落ち込んだ居所の定まらない社会のごろつきども、こうした連中がこの法案を支持していた。

　政治勢力について言えば、政府を支持する旧諸政党の構成員はこの法案に好意的だった。右派のアレクサンダル・ツァンコフに率いられた人々、国粋的傾向の強い自由派、そしてあらゆる国家主義集団及びさまざまな色合いのファシスト集団である。この法案に反対していたのは共産党、左翼諸党派、そしてすべての民衆主義者、民主主義者だった。

　もちろん、検閲体制は国民にも進歩勢力にも法案への反対を公《おおやけ》に表明することを許さなかった。しかし私は、いかなる政党にも属さない市民として、法案が明らかになった時点から首相と代議士たちに宛てて公開書簡を進んで書き、政府の措置を攻撃していた[5]（…）

　エリン＝ペリン[6]をはじめとするよく知られた作家たちも、この法案に反対する請願に署名した。ブルガリア正教会もまた、主教会の庇護のもと、ドイツの模範を真似たこの法案に対して厳しい非難を表明した〔本書八三頁〕。

　国会では激しい議論がおこなわれた。

　一九三七年にソフィアで『ブルガリアの世論と、人種差別論・反ユダヤ主義の諸問題』という本が出版されていた。政治家、学者、作家、ジャーナリスト、俳優、画家といった五七人の市民が、表立ってはっきりと、ドイツの人種差別論によって企てられた反ユダヤ十字軍に反対の意を表明していた。この五七人の市民の名前のなかに、アレクサンダル・ツアンコフの名もあった。彼もまた、びくびくしながらではあったが、ユダヤ人が犠牲になっていた迫害に反対を表明していた。彼は言っていた。「われわれはわれらが師イエスに従う。復讐はいけないし、暴力はいけない。それどころか、ブルガリア国民と同様に、宗教を選ぶ権利を有する人々に対して、友愛の感情をこそ持たねばならない。」

ところが、この問題が改めて論じられるときになると、ツァンコフは沈黙を選んだ。だから多数派に属するある代議士はツァンコフに対して、彼がかつて取っていた立場へのいくらかの仄めかしをおこなった。するとツァンコフはこれに次のように答えた。「原則的に、私はその人種的所属によってブルガリア国民とは異質な人々からブルガリア国民を保護する法律に対して好意的である。私は法案に賛成の投票をした。」

ドイツに由来する嵐がブルガリアのあらゆる場所で吹き荒れているなか、ツァンコフは、自分がそれに対してかつて反対していたのではないかと疑わせかねないあらゆることがらを自分から急いで遠ざけようとしていた。

一一月二〇日、法案は可決された。そしてそれは、ボリス三世がわが国をどちらの陣営に加わらせようとしていたかを示すそれまでの証拠に、新たな証拠を付け加えるものとなった。

これに続く三年間、国民保護法は一連の改変を加えられはしたが、それらの改変はユダヤ人の財産の略奪、ユダヤ人からの権利の剥奪を依然として可能にするものだった。彼らの家と彼らの胸にはダビデ

5　この公開書簡のテキストは本書八七頁に収録されている。

6　エリン＝ペリン（一八七七－一九四九）はブルガリアの物語・中編小説作家であり、その「民衆的」精神のゆえに大戦後称えられた。彼はボリス国王の狩仲間であり友人でもあった。この抗議のテキストは本書七〇頁に収録されている。

の星が付けられた。

しかし、それでもヒトラーの下僕たちにはまだ不足だった。彼らはユダヤ人に対する措置について、政府に全権を与えるための法律を可決させた。（…）


（一九四三年）

ヒトラーはユーゴスラビア、ギリシャ、ルーマニアからユダヤ人を追放させ、彼らをアウシュヴィッツ、マイダネクの死体焼却炉で燃やさせることに成功していた。バルカン半島のユダヤ人のうち、ブルガリア国内のユダヤ人だけが無傷のまま残った。彼らが救われたのは、ブルガリア国民の静かな、しかし堅固な抵抗があったからだ。ブルガリア国民がいくつもの回路を用いて政府に理解させたのは、平和の裡に自分たちとともに五世紀にもわたって生きてきた人々（ユダヤ人は一四九二年にスペインから追放されてやってきて以来、私たちとともに生きてきた）、そしてその大部分がブルガリア国民の独立のために戦ってくれた人々を、残酷な末期《まつご》に送り込んでは絶対ならないということだった。

ヒトラーからの圧力と国民からの抵抗の狭間で窮した政府は、抵抗がもっとも弱いところから攻めることにした。政府はその攻撃対象を、新たに占領した領土のユダヤ人に定めた。そこでは共産党や他の進歩勢力の影響力は支配的でなかった。閣議は次のような政令を発した。

「ユダヤ人問題、またそれに関連する問題について必要とされるあらゆる措置の権限を政府に与える法律の第一条に照らし、次のような決定がなされた。ユダヤ人問題局には、ドイツ当局との合意のうえで、最近解放された領土に居住する二万人のユダヤ人を強制収容所送りとする任務が与えられた。」

不吉な夜に、エーゲ海沿いの西トラキアとマケドニアに居住するユダヤ人は、その家から引き出され、服も持ち物もお金もなしに、ドゥプニツァ、ゴルナ・ジュマヤ〔ブルガリア北西部の町〕に送られ、そこから封印された貨車に閉じこめられた状態で〔ルーマニアとの国境にある〕ロムの河港へと連れていかれた。そこからドナウ川でウィーンを経由して、彼らはポーランドへと連行された。そこでは、悲しみに沈んだ村々の上で、死体焼却炉で燃やされた彼らの同郷人たちの灰が風で撒き散らされていた。

この野蛮行為を前にしてブルガリア国民が抱いた不安はあまりにも大きく、それによって代議士たちの良心が揺すぶられ、彼らのうち四二人は国会副議長ディミタール・ペシェフを先頭に立てて、この残虐行為の中止を要求するためにペシェフの書いた請願書に署名し、ペシェフはこれを政府に届けた〔本書一一一頁〕。

この行動は、政府の悪辣な企てを止められなかっただけでなく、政府を苛立たせた。政府はこの行動を主導した国会副議長に対する解任決議を国会に命じた。決議はまったく破廉恥な方法で議決された。それは審議日程に掲げられることも、審議そのものもなく、またペシェフに自分の立場を釈明させることもなく議決された。

南方の新領土から強制収容所送りになったユダヤ人たちを襲った恐怖は筆舌に尽くしがたかった。出発前、親子、親族、友人たちは、苦しみで悲嘆にくれ、顔を涙で濡らして、家から家へと駆けまわりながら互いに永遠の別れを告げ合った。母親、父親、息子、娘、兄弟、姉妹が何時間も抱き合った後、ようやく嗚咽にむせびながら互いの身を引き離した。それから彼らは出発したが、背後を見つめ直し、戻ってきて、残酷にも永遠に別れなければならない人々の腕を、溢れる涙で濡らした。小さな子どもたちは凍りついたように身を固くしていたが、こうした情景の悲劇をまだ理解できないでいた。

牢獄の部屋から処刑台までの距離は短かったが、無限の恐怖に満ち満ちていた。当時、彼らが生まれた場所とアウシュヴィッツとを結ぶ何千キロという距離にはどのようなおぞましさが撒き散らされていたことだろう。そのおぞましさは、末期《まつご》の苦しみよりもなお恐ろしく、墓よりもなお陰鬱である。「強制収容所送り」となった彼らの眼前を、彼らと運命を同じくする男たち、女たち、子どもたちの、絶え間ない、密集した長い行列が通っていった。ナチズムの恐るべき野蛮さが、石よりも厳しく冷たい無関心を示しながらそれらの行列を墓のほうへ引き連れていった。何日ものあいだ、昼夜を通して旅すること。一歩進むごとに、港々で、通り過ぎる各駅で、田野で、道で、生命がほとばしる情景を見ること。太陽の光を浴びたこの生命の跳躍のあいだを、すでに死の恐ろしい仮面をつけた自分が歩いているのを知ること、そして自分だけでなく、自分にとってもっとも身近で、もっとも愛する人々も同じようにしてそこを通過しているのを知ること。はるか遠くに、人々を焼け焦げた灰へと変えてしまった死体焼却炉から立ち上る煙を見ること。漂う空気のうちに、その人々の炭化した肉が発する臭気を嗅ぐこと。その人々の苦しみから発せられる、大地をも震え上がらせる鋭い声が鳴り響くのを耳に聞くこと、そしてまもなく自分たちも、自分と一緒に収容所送りになった人々とともに、ひとつかみの燃える塵になり、夜の沈黙のなかで、押し潰された叫びを運ぶ一筋の煙になってしまうのを知ること。そうしたことどもが自分の避けがたい運命であるのを知り、理解すること。これは死よりも数千倍も恐ろしいことである。

20 主教、ステファヌの回想

カルロヴァ地方バニャ村、一九五〇年一〇月一七日

（…）非常に多くのユダヤ人が居住する教区であるソフィアの主教として、私はその資格において、あの悲劇的な時期に、断固たる姿勢で、私の信仰と公民としての私の自由が課す義務にのみ従って、残酷な迫害にさらされたユダヤ人共同体の側に立つことにした。教会において私は、説教壇の上から多くのメッセージを世論に向け、政府に向け、そして国家元首〔ボリス国王〕に向けて送り、ユダヤ人のポーランドへの送致を止め、強制収容所へ送られた人々の帰還を確実なものにするよう訴えた。私の呼びかけがブルガリア正教会全体の行為としての性格を帯びるよう望んで、私は主教会（わが国の最高の宗教的権威）にいくつかの報告を送った。それらの報告は、主教会による国王と政府へ働きかけによって、われらが祖国にいるユダヤ人少数派の運命に害を与えていた特別の法律〔国民保護法〕を、廃棄させるためのものだった。主教会による仲介は、熱心かつ執拗に企てられ、この法律によってユダヤ人たちが恐怖と略奪にさらされているという事実を隠すことはなかった。

しかし、主教会の仲介はこの有名な法律を廃棄させるには至らず、同法はその後も有効であり続けた。

それでもこの仲介は、ナチス式のやり方の適用を和らげ、ユダヤ人のポーランド大量移送という決定を一時的に延期させた。（…）

一九四三年の春、私はリラの[7]聖なる修道院に赴いた際に、ドゥプニツァからコチェリノヴォ〔ブルガリア西部キュステンディル州に属す町〕へ向かう道で、エーゲ海沿いの西トラキアから、またカヴァラ〔ギリシャの東マケドニア・トラキア地方の海岸都市〕から強制収容所送りになるユダヤ人を乗せた貨車に遭遇した。その情景は、おぞましさと、非人間的な着想という点で想像をはるかに越えていた。貨車の車両には、老人と若者、身体の弱い者と元気な者、幼児を連れた母親と身ごもった女たちが、イワシのように、立ったまま血の気を失い折り重なるように詰め込まれ、絶望から発する叫び声で、救助と憐れみを懇願し、水と空気を求め、そして少しでも人間的な扱いをしてくれるよう求めていた…。貨車はナチスによって見張られ、車両は封印されていて、ポーランドを最終目的地としてドナウ川へ向かう途中だった。この情景にすっかり打ちのめされて、聖地へと足を運びながら、私は国家元首に電報を打ち、エーゲ海沿いの西トラキアから追放されたユダヤ人がブルガリア国内を家畜としてではなく人間として旅することができるように、また彼らに課された許すべからざる状態が緩和されるように懇願した。また私は、彼らがポーランドに送られないようにという願いを表明していた。当時、ポーランドという語は、幼児の耳にも不吉に響いていた。

私が出した電報への返事は、合法的なことでできることのすべてをおこなうというものだった。（…）

ブルガリア国内のユダヤ人にとってもっとも悲劇的な一日は、不幸なことに、また理解しがたいことに、ブルガリア文化の日、兄弟である使徒「キリルとメトディオス」の祭日と一致することになった。とても重要なその日〔一九四三年五月二四日。本書二六、一五〇頁参照〕が、全ブルガリアにおけるユダヤ人を対象とする大掛かりな一斉検挙の日と定められ、そしてそれは、わが国の首都ソフィアで特別に残酷な仕方で遂行された。この日、私たちは学校の生徒、大学の学生、町の住民でいっぱいの、豪奢な聖アレクサンダル・ネフスキー大聖堂前の広場でおこなわれるはずの荘厳な儀式の準備をしていたが、教会を出ると、私たちはユダヤ出自の男性、女性、若者からなる巨大な人波に襲われた。彼らは皆ダビデの星を身に付けていて、夜明けに開始された迫害と逮捕について私たちに報せにきていた。私たちは教会のなかに戻り、私たちのオフィスにユダヤ会議の首長であるハナネル博士〔一八九五－一九六四〕と年配のラビ〔ダニエル・ツィオン〕に率いられた代表団を迎え入れた。彼らは私に、ブルガリアのユダヤ人、とくにソフィアのユダヤ人にその日起きたことについて、正確かつ雄弁に、筋道の通った報告をしてくれた。われらが祖国にとってもっとも美しいその日、ブルガリア人だけでなくユダヤ人もまたそれを称え祝うその日に企てられたユダヤ人への残酷な攻撃に、彼らの顔色からは苦痛と怯えが感じ取れた。その表情は私たちの目に涙を溢れさせた。私たちは用いうる限られた時間を利用して、王宮と接触を持ち、この蛮行に抗議し、すぐにこれを止めさせるように懇願した。王宮で私たちが知らされたのは国王がソフィアにいないということだった。そこで私たちは国王の秘密官房長であるP・グルエフ氏と面会を試みた。この面会で私たちはグルエフ氏に手短に、私たちに会いにきたユダヤ人の代表団について、またわれらの聖なる教会に援助、同情、正義を求めて教会の中庭や教会前の街路に押しかけてきたユダヤ人の群衆について報らせるとともに、そうした状況が私たちに、陛下に権威をもって決然と「もう止めろ」と言明していただきたいという懇願を決

7☆　ブルガリア西部キュステンディル州の町で世界遺産にも登録されているリラ修道院の所在地。

意させた旨を報らせた。「（…）陛下にお伝え願いたい。陛下が至上権者としてそうなされねばならないのは、このまったく理由がない迫害による緊張、そして本日の大祭を穢《けが》す緊張を霧散させるためです。あらゆる権利を奪われたユダヤ出自のこのブルガリア国民たちの嘆きと涙は、彼らが被った不正に対する正当な抗議です。この抗議の声がブルガリア人の国王によって聞き届けられず、満足な形で鎮められないというのはありえないことですし、国王にとってふさわしくないことです。私たちが今日ここにやってきた理由は、まさしくこの点にあり、国王の地位にある御方が当然持つはずの同情と明晰さを陛下にお示しいただき、ブルガリア国民がその伝統と気質によってつねに支持してきた自由と人間の尊厳に対する権利をお守りくださるよう懇願するためです。」グルエフ氏はできるだけのことをすると約束し、祭日の宗教儀式が終わりしだい首相にも同じように請願をおこなうようにと忠告してくれた。というのも、この件に関してもっとも大きな権能を有するのは首相だったからだ。（…）

定刻に、私たちは聖アレクサンダル・ネフスキー大聖堂に赴き、聖堂前の大きな広場で荘厳なミサを執りおこなった。そして儀式を締めくくる説教では、今年の祭礼がユダヤ人に対してなされた迫害によって陰鬱なものになったこと、またユダヤ人の勤勉な若者たちが参加しなかったので伝統にそぐわないものになったことを強調し、広場の説教壇の上から行政当局に対し、自由を愛するブルガリア国民に固有の民主的で社交的な精神、すなわち人間性と友愛を愛する良心によって陶冶された、外国からの影響、支配、命令を嫌う私たちの精神を奴隷状態に貶めないよう呼びかけた。ブルガリア国家の大屋根の下には、国民を構成する少数派の問題など存在していなかった。ブルガリア人は寛大であり、その基本的な信条は自由の尊重である。そのため、少数派のわがまま、多数派の支配などブルガリアにおいては空言となっていた。ふたりの聖なる使徒の聖日を祝うその大祭の日に、私たちは国家という大船を統治する人々に、排除の、差別の、迫害の政治をきっぱりと遠ざけるようにと懇願していた。われわれを霊的に誕生させ、ブルガリアを福音の真実にふさわしいものにまで高め、われわれを文化の光によって開明し、その国家を民主的で規律正しい精神のうちに確立し、またそうした国家であり続けるようにしてくれた神の命令に、自分たちがふさわしい者であることを私たちは示さねばならなかった。

ミサとそれに続く若い学生たちの行進の後で、私たちは首相のフィロフ氏と短時間の話し合いを持った。しかし、残念なことに、その話し合いは、私たちに苦痛を与え悲しませるような有無を言わさぬ首相の拒否によって終わった。話し合いの最後に首相は言った。「ユダヤ人問題に関する法律は国家の最重要事項です。そうであってみれば、それは廃棄などされえず、それどころか今後も適用し続けられるでしょう。」私たちを見送りながら、彼が愛想よく私たちに理解させようとしたのは、ユダヤ人についての法律に介入して陛下や政府を悩ませてはならないということだった。（…）

ユダヤ人を標的とする一斉検挙の中止は政府によって拒否され、国王の秘密官房長グルエフ氏からは陛下と連絡が取れなかったと報された。その日の朝に私たちに会いにきた人々の多数が逮捕され、警察署に留置されて、今や強制収容所に送致されようとしている。私たちはそのことを確認し、彼らがブルガリア国外に連れ出されるのではないかと恐れ、ラビたちまでが逮捕されたことを知って、たいへん苦い思いで次の三つの行動を取った。

（A）わが国のユダヤ人少数派が置かれた状況についての、詳細な報告書を国王陛下に送ること。そしてこの報告書を通じて、陛下に、国王としての権威を発揮し、平和を愛し人間愛に溢れたブルガリア人の国民性にとって真の醜行でしかないこの蛮行を終わらせるよう、そうすべき理由を詳細に述べつつ懇願すること。(…)

私たちは陛下に宛てた報告書のなかで、キリルとメトディオスのふたりの使徒の祭日が、ユダヤ人を標的とした一斉検挙によって陰鬱なものにされ、たいへんな苦痛を味わったことを説明したうえで、少し前からこの件で陛下の御心《みこころ》を煩わせていたことについてお詫びし、また陛下に宛てた付属の報告書中では国際的な観点から、そしてブルガリアに固有の観点から、ユダヤ人問題の複雑さに陛下が注意をお払いくださるようあえてお願いしたことについて寛恕を乞い求めていた。

この報告書において私たちが重視した原則は以下の通りである。キリスト教の原則(隣人に対する愛に関わる宗教的・倫理的原則)、社会的・政治的原則、財政的・経済的原則、人道的・愛他主義的原則、功利主義的原則、国民的・国家的原則(愛国的・民主的原則)。(…)

報告書を私たちは次のように締め括っていた。「私どもによる陛下への懇願は次のものに立脚しています。まず、互いに愛し合うようにという救い主の命令、その命令に基づいてキリストの教会が打ち立てた精神、そしてその精神に従ってブルガリア国民が教えを受けてきた命令でございます。また、国際関係の観点から見た生活の諸規則が課す省察と必要性、そして社会的正義を求めようとする願いでございます。さらには、ユダヤ人少数派に対するブルガリア人の、よく知られ、衷心から表明されてきた寛大さという歴史的で現代も変わらぬ真実でございます。これらに立脚し、私どもはすべてのブルガリア人の国王陛下に、ユダヤ人に関わる法律を失効させ、その決定的な廃棄を命じてくださるようお願い申し上げるものです。陛下、陛下はこの高貴なおこないによって、ブルガリアがナチスの反ヨーロッパ的な政治に囚われているという疑いを完全に退けることがおできになられます。そしてわれらが祖国を、このうえなく不実なおこない——人間に対する憎しみ——をなす大罪からお救いになられます。こうして陛下は、ブルガリア国民の精神の自由、正義、平和、愛への願いの保護者・擁護者として、その王権の力と尊厳を十全にお示しになられ、ブルガリアの寛容の光輝と民主主義的精神の光輝を永遠の栄光のうちに保全されることになられるでしょう。」

私たちの報告書への応答として、陛下は秘密官房長を私たちのもとに遣わされたが、官房長によれば、私たちの報告書をお受け取りになられた国家元首は、この報告書に非常に大きな関心を持っていると確言なされた。また、私たちの願いに好意的に応え、エーゲ海沿いの西トラキアから追放されたユダヤ人がブルガリアを通過する際には丁寧に扱われるとも同様に確言なされた。ただし、そのユダヤ人たちはヒトラーの参謀本部の囚人であるとも付け加えられた。さらに陛下は、この状況下において、私たちの要求を考慮に入れられ、ユダヤ人の運命と権利に関わるこの法律がわが国で適用されるおりにはユダヤ人の扱いを最大限緩和されるとも確言なされた。ドイツに対して負っている同盟国としての義務に従い政府が策定したこの法律の廃棄に関しては、陛下はそうしたドイツとの関係に基づく事実を私たちに伝えられたうえで、私たち自身がそこから結論を引き出すように願っておられた。陛下が独断でこの法律を廃棄することなどできるはずもなかった。私たちのもとを去る際、秘密官房長は内密に、私たちの報告書は検討のために首相に伝達されていることを教えてくれた。（…）

首相は、その秘書を通じて、私たちにユダヤ人擁護を断念するよう、またユダヤ人問題局の任務を妨害することのないよう忠告と警告を与えた。この警告に対し、私たちは大胆にも国王陛下に抗議をおこなった。そして、おそらくはこの抗議のせいと思われるが、その直後に、政府から私たちに伝えられたのは、検事総長が私たちのおこなっているユダヤ人擁護護について証言を集め、そのおこないを国家を害する行為と見なし、私たちを罪に問うということだった。国家元首に宛てた私たちの抗議に応答はなかった。私たちが国王とのあいだに持った長きにわたる職業上の頻繁な接触において、私たちが沈黙と軽蔑に遭遇したのはこのときが初めてであった。こうして、是が非でも、ユダヤ人迫害の動きは続いていった。（…）

21 商人、アセン・スイチュメゾフの回想

一九七六年

（…）ユダヤ人に対する抑圧が一九四一年と四三年のあいだに強化されたとき、私はスコピエ〔現在は北マケドニアの首都〕で、ポーランドの強制収容所送りになったユダヤ人たちが私物を売買しているのを見た。この光景は私を動顛させた。私が地元キュステンディルに戻ると、町のユダヤ人たちが用心深げに、ユダヤ人の食事のために使われる強制収容所用の鍋がすでにキュステンディルに送られてきたというのは本当かと私に尋ねにきた。何らかの情報を得てつねに危惧の念を抱いていた一五人から二〇人のユダヤ人が、こっそり私に質問をしにきた。だが、彼らはあまりしょっちゅう私に会いにくることもできなかった。というのも、ファシズムに染まった連中が彼らを迫害していたからだ。この迫害者たちは、ユダヤ人たちがコートの裏に付けるよう強制されていたダビデの星によって容易に彼らを見分けることができた。私について言えば、この連中は私を憎んでおり、私に辛抱がならなかった。恐怖に怯えたユダヤ人たちからの質問に、私は、スコピエでユダヤ人の財産が売りに出されているのは見たが、キュステンディルに送られてきた鍋の話は聞いていないと答えた。しかし、彼らが気を鎮められる日はこなかった。

ある日、町のユダヤ人たちは、私に、まもなく自分たちがタバコ倉庫に集められ、それから貨車で、エーゲ海沿いの西トラキアとマケドニアのユダヤ人たちがそうされたように、ポーランドの強制収容所送りになるという噂を聞いたと伝えてきた。そして突然、心を激しく乱して助けを求め始め、請願のための代表団〔本書二三頁〕を結成してほしいと懇願した。四四人のブルガリア人が代表団に加わってもいいと言明したということも聞いた。翌日〔一九四三年三月八日〕、このキュステンディルの代表団がソフィアに向けて出発しようという段になって、副知事のミルテノフは代表団が使う車にガソリンを供給するのを拒んだ。彼はその前日には供給を約束していたのだ。そのとき、私は自分の仕事場の前で、絶望の極みに陥った涙顔のユダヤ人たちからこう言われた。「アセン、最後のお別れだよ。私たちはもう会えないだろう。」しかし、私は彼と永久の別れなどするつもりはなく、彼らを助けるために、ソフィアへ赴く代表団に加わろうとしていたのだ。弁護士のモムチロフは、他の人々が代表団に加わるのを断念しても、私にはそれを断念しないよう泣きながら私に要求した。私は彼に、自分はユダヤ人に彼らを守ると約束したのだから、代表団に加わるのを断念したりしないと答えた。フランス人の実業家ジャック・シモネも私に代表団入りを頼むためにやってきたし、他の何人かの有力者も同じ目的でやってきた。私はもちろん、そのようにした。

ここで私が言っておきたいのは、私はこのできごと以前より、ファシズムに染まった多くの人々から嫌われ、ひっきりなしに脅しを受けていたことであり、他方では、私の仕事場にはキュステンディル、ソフィア、プロヴディフのユダヤ人がしょっちゅうやってきて、自分たちを待ち受けている運命について私に情報を与えていたことだ。このような状況が示す私の態度が、公共の場所で、私に多くの事件をもたらした。ある晩、私はキルラジエフ（あだ名は「トシンディ」）と一緒に、ゲオルギ・セメルジエフ（あだ名は「トゥルンタータ」）が経営するレストランに入ったが、そこの店員のポポフはユダヤ人に対し強い敵愾心を抱いていた。私を見ると彼は椅子を摑み、それが壊れるほどに私をそれで打ち据えようとした。そのとき、キルラジエフが私を守った。彼は椅子を取り上げ、ポポフの行動を食い止めた。他の人々がそばにやってきて、私にその場を離れるよう忠告した。「逃げろ！　この店で、ユダヤ人をかばえば、おまえはぶちのめされるぞ。」私たちは店を離れた。

　私たちとともにソフィアに出発するはずだった四〇人の代表団予定者はばらばらになっていた。結局、代表団には四人の人間しか残っていなかった。弁護士モムチロフ、元教員ウラディミール・クルテフ、最終的に私たちに加わることになった地元選出の代議士ペタル・ミカレフ、そして私だった。一九四三年三月八日、ソフィアに向かったのはこの少人数の代表団だった。だがそのときにはすでに、キュステンディルの駅では貨車の長い車列がユダヤ人たちの強制収容所送りの準備を終えていたのだ。私たちのソフィア到着は夕刻で、私たちは翌日（一九四三年三月九日）の朝に、ドンドゥコフ通りとタルゴフスカ通りの角の、G・N・ポポフとその弟が経営する帽子屋で待ち合わせることにした。その朝、私が待ち合わせ場所に出かけようとしていると、ユダヤ人の有力者である弁護士ジョゼ・ピンカス・バルクとその弟がホテルまで私に会いにきた。彼らが私に切に願ったのは、これから自分たちと一緒に、ユダヤ人委員会のオフィスまで来て欲しいということだった。そのときそこでは、パレスチナに向けて出発することを希望するユダヤ人たちの書類審査がおこなわれていた。私は彼らに伴われそこまで行った。多くのユダヤ人がそこに詰めかけ、出発の許可を得るために押し合いへし合いしていた。ところが、それを許される人間の数は極めて限られていた。私たちはオフィスになかなか入っていけなかった。ヤコ・バルコフ[8]

が群集を鎮め、人々が通路を作ってくれたので、私たちはなんとかそこへ入り込むことができた。私はそこにいた群衆の前でこう紹介された。キュステンディルから来た代表団の一員であること、そして代表団を首相に会わせてくれる国会副議長Ｄ・ペシェフのところへこの日のうちに赴くつもりでいること。

私は状況をこのユダヤ人の群衆に説明した。キュステンディルから私たちが委任を受けてきた政府への要求内容は、もし強制収容所送りが中止にならない場合、ブルガリア政府はユダヤ人たちを国内のどこかの場所に一時的に集合させ、この戦争が終わった後に、ユダヤ人との協議のうえでユダヤ人の問題を解決すべきであるというものだった。ユダヤ人委員会のオフィスを訪問した後、私はすぐにポポフとその弟が経営する店に向かったが、そこでは代表団の他のメンバーが私を待ちわびていた。私たちは行動プランについて合意し、さっそく私は国会副議長Ｄ・ペシェフとの個人的関係を利用して、彼に電話をかけた。ペシェフはすぐに自宅へ来るようにと言った。さっそく私たちは、時間を短縮するために車でネオフィト・リルスキ通りにあった彼の家に行った。私たちは彼に自分たちの訪問の理由を説明した。ペシェフと私のあいだで活発な議論が交わされ、それぞれが考えていた論拠を互いに交換し合って、議論の筋道を確固たるものにしていった。私たちの話し合いはかなり緊迫したものだった。私は涙を浮かべながら、キュステンディルのユダヤ人を襲った悲劇、彼らを駅で待ち受けている貨車の車列のことをペシェフに伝えた。私たちが彼に語ったのは、ブルガリア国民の評判を傷つけてはならないということであり、私が彼に強調したのは、ユダヤ人たちが私に対して代表団に加わるよう懇願したということだった。彼らは私にこう言っていた。「アセン、おまえが行ってくれなければ私たちは破滅だよ。」

私たちはディミタール・ペシェフ宅におよそ一時間ほどいた。ついにはペシェフも涙を浮かべ、私たちに、午後の三時に自分のいる国会に来るよう提案し、簡単に国会内に入るには建物の背後の裏口から入るようにと忠告してくれた。そこの守衛にその旨を指示しておくとのことだった。実際、ペシェフは守衛に次のようなメモを渡してくれていた。「アセン・スイチュメゾフ率いる代表団が来る予定なので、到着しだい私のところへ連れてきてください。」言い忘れていたが、私たちが国会に赴こうとしていたとき、代表団のひとりウラディミール・クルテフが私たちのところへ来て、自分はスタニチェフ[9]のところにやはりユダヤ人問題について話をしにいくので、皆と一緒に行けないから自分を待たないでくれと言った。そのようなわけで、国会まで赴いた代表団はモムチロフ、ミカレフ、それに私の三人になった。その同じとき、首相とほとんどの大臣は国会内のそれぞれのオフィスにいた。ディミタール・ペシェフは国会内の廊下で私たちを迎え、私たちを何人かの代議士に紹介した。私たちは彼らとすぐに、ユダヤ人を襲った悲劇について激しい議論を交わした。何人かの代議士は、私たちのユダヤ人擁護を是認しようとしなかった。彼らにとって私たちは、祖国への裏切者、不正利得者を擁護しにきた不忠誠者、等々だった。

私たちが代議士たちと議論しているあいだにD・ペシェフは首相のオフィスに行ったが、首相は代表団に会うのを拒んだ。そこで、ペシェフはミカレフとともに内務大臣ガブロフスキのオフィスに行き、代表団の諸要求についてのペシェフ自身の意見をガブロフスキに伝えた。ガブロフスキは多少躊躇した後、警察長官に電話し、ユダヤ人の強制収容所送りを中断せよと命じた。このとき、ペシェフは急いで

8　ヤコ・バルコフ（あるいはバルク）は公的人物であり、社会主義者であり、ユダヤ復興主義者だった。

9　アレクサンダル・スタニチェフは医学教授、政治家、バグリアノフ内閣の内務大臣・厚生大臣（一九四四年七月－九月）で、一九四五年に処刑された。

廊下に出てきて、私に手すりの後ろに来るように手まねきし、私に言った。「スイチュメゾフ、握手させてくれ。ユダヤ人の強制収容所送りは中断された。すぐにキュステンディルに報らせていいぞ。」私たちが国会を去ろうとしたとき、大人数からなるユダヤ人の集団が裏口で私たちを待ち受けていた。彼らはすでに報せを受け取っていて、大喜びだった。喜びの熱狂に浮かされて、キュステンディル出身のユダヤ人青年ブコ・レオノフは叫び声をあげながら泣き出した。「アセン、神があなたに祝福を与えますように！」私たちがキュステンディルに電話をするためにある酒の倉庫に赴くと、ふたりの男性がやってきて、年長のほうが、どちらがアセン・スイチュメゾフかと尋ねた。私は自分がそうだと答えた。彼はとても心を動かされた様子で私の手を取った。彼が私に言ったすべての感謝の言葉のうち、今も脳裡に強く焼きついているのは彼の最後の言葉だ。「私はあなたと握手しにきた。私はタジェール大佐だ。[10]あなたの勇気を称える。」

　私がキュステンディルに電話でこの報せを伝えるとすぐ、ファシストどもは私の家に襲いかかった。連中は窓を割り、モムチロフの家の窓も割った。同様のことが何度か繰り返された。このできごとによって引き起こされた緊張のために、私はプロヴディフ、トロヤン〔ブルガリア中部の町、ソフィアから一二〇キロ〕、ルセ、ソフィア、そして他の町に身を隠し、友人たちの家へ避難せねばならなかった。（…）

10　アヴラム・タジェール大佐は、一九一二－一三年のバルカン戦争、一九一四－一八年第一次大戦に参加したユダヤ人の旧軍人であり、一九二〇年以後はユダヤ教中央長老会議の総裁であり、国民保護法が可決された後、予備将校連盟を脱退していた。

22

代議士、ディミタール・ペシェフの回想

一九六九－七〇年

私は不幸な世代に属していると感じている。その世代は一連の大変動を生き、自分にとってこのうえなく大事な理想の数々が押し潰されるのを見た。過去の起伏、その偉大さとその失墜、その高揚した希望とその暗い失望へ一瞥を投げると、純粋な願いと希望の飛翔によって昇りつめた明るい頂から深淵へと墜落した男の苦痛を感じる。私が思うに、こうした感情は、私と同じように、時代を動かしていたあらゆる強烈な感情とともに生きてきた人々が共通して持った感情である。われわれはきちんとものを考えようとし、国民的理想を信じ、それらの理想を、人間が抱く何か純粋で神聖なものへの普遍的な願いと関連した理想として捉えていていた。[11]

（…）以下に続く覚書は、「ユダヤ人問題」の詳細を委細残さず語ることを目的としたものではない。この問題は、一九四〇年の一〇月以降数年のあいだ、世論の注目を集め、ブルガリア国内における人々

11　ディミタール・ペシェフはこの一文を回想録の冒頭に書きつけていた。

の生活に多くの困難を引き起こした。この問題は、国外におけるわが国の名声を傷つけ、われわれブルガリア国民が自国の内政問題を解決するのにドイツとの関係において限られた自由しか享受しえていない印象を与えた。

第二次大戦に先立つ歳月、ブルガリアには厳密な意味での「ユダヤ人問題」など存在していなかった。ナチスドイツを真似た小集団による試みは多少あった。彼らはたとえばナチスを真似た制服を着込んで街頭に繰り出し、ナチスを真似たスローガンを繰り返した。そうした熱意に浮かされた彼らは、わが国の実際の状況にはまったく関心を払っていなかった。クンチェフなる男は、制服を着込んだヒトラー総統のポーズまで真似ようとした。しかしそれは戯画的で滑稽な猿芝居に過ぎず、あっというまに物笑いの種となり、何の痕跡も残さずに早々と姿を消し、たちまち忘れ去られてしまった。ブルガリアのある種の階層、ある種の人々のあいだでは、経済の領域でユダヤ人が果たす役割について語るのが聞かれた。それによれば、ユダヤ人が優勢になって、ブルガリア人を失墜させ、すべての経済活動に、とりわけ商業に手を伸ばしているとのことだった。また、製造業にも食い込み始めたとのことだった。豊富な資金を使って、まずは株の売り買いを通じて、企業の指導権を握ったというのだ。こうした噂は当初、経済界に直接関係する人々のあいだで語られ、その後、ユダヤ人問題を社会的・経済的観点から捉える、より広範な階層に広がった。

実のところは、ユダヤ人の銀行機構への参画は限られたものだった。ブルガリアにおいては数々の庶民銀行や協同組合銀行からなる巨大なネットワークが経済活動の広範な領域に資金を提供しており、この濃密で強力なネットワークは、後に農業銀行を合併した中央協同組合銀行や協同組合中央連盟、そして協同組合銀行連盟によって支配・管理されていた。これらの組織の頂点には、協同組合の使命の有益性を確信し、これに献身しようとする人々が名を連ねていた。またこれらの組織それ自体が、巨額の資金を株券や投資の形で保有しており、その総額は何十億にも達していた。だから企業も個人も費用をそれほどかけずに資金を調達できたし、公的に設置・運営されていた協同組合企業から寛大な貸し付けも受けていた。商業・製造業部門の企業に貸し付けられていた大規模資金について言えば、経済危機の理由で困難を抱えたいくつかの民間銀行の合併（一九三四年に法律に基づく）の結果設立されたブルガリア信用銀行が担っていた。このブルガリア信用銀行の設立こそまさに、国家によってこのとき取られたもっとも有益な措置とされたが、ブルガリア信用銀行はただちに民衆銀行の監督下に置かれ、その民衆銀行の代表者がブルガリア信用銀行取締役会で拒否権を持っていた。しかもブルガリア信用銀行の取締役会自体、その多数派は、経済界のあらゆる部門を代表する人々によって構成されていた。とはいえ、この人々は財政界の代表でもなければ、利益のみしか頭にない株主たちの代表でもなかった。

ブルガリア信用銀行以外にも、ある程度の規模を持つ民間銀行がいくつか存在していた。信用銀行、フランス＝ベルギー銀行、商業銀行といった銀行である。これらの銀行は大企業に貸し付けをおこなっており、そこではたしかにユダヤ人勢力も大きな役割を演じていた。とくにフランス＝ベルギー銀行がそうだったが、ドイツ資本のおかげで設立された信用銀行のほうの頭取はブルガリア人だった。このように、銀行による貸付の領域では、ユダヤ人の参画自体限られたものだったし、そのことはこれらの銀行における資本についても同様だった。私は投機的・高利貸的民間銀行においてユダヤ人資本が果たした役割については知らない。もしかするとそうした資本が存在したかもしれない。しかし存在したとしても、それがどのようにして、大小さまざまな型や規模の、通常のこの広大なブルガリア金融ネットワークと張り合えただろう。私はこの質問に答えられない。

ユダヤ人たちが商業の領域でかなりの地歩を勝ち得ていたことは確かである。彼らは大・中・小の規模を問わずあらゆる商業領域で優勢だったとさえ言えるかもしれない。商業は彼らのもっとも主要な、またもっとも目につく活動領域だったからだ。ユダヤ人たちが大きな経済的役割を果たしているという考えもここから生まれた。だが、そうしたものの見方は、裕福で栄華を極めたユダヤ人の傍らに、多くの貧しいユダヤ人の工員や職人がいたという事実を理解していない。後者の性質は前者の性質とはまったく異なるものなのだ。

反ユダヤ的な態度は、純粋に経済的なある種の階層のあいだに、またユダヤ人との競争を腐植土にして、しばしば個人的な利害を理由に広がった。そしてその態度は、ドイツで生じた事態の展開にも助けられて、おおっぴらに現れるのに、また他の階層に広まるのに、好適な環境を見出した。

生活の他の領域、たとえば宗教の領域、知の領域、政治の領域、社会の領域、文学の領域、芸術の領域におけるユダヤ人の役割と重要性は相変わらずとても限られたものであり、存在しないも同然だった。行政機関、司法機関、軍隊にはひとりのユダヤ人もいなかった。国の教育について言えば、中等教育の教員にも大学の教授にもユダヤ人はいなかった。経済領域以外でユダヤ人の姿が認められたのは自由業だった。弁護士、医師、歯科医、薬剤師には比較的多くのユダヤ人がいたし、その後は技師も増えた。

しかし彼らの姿は世論を形成する機関である新聞、雑誌にはなかった。だから、彼らが世論に影響を与えているとは言いがたかった。よく知られているように、ドイツではナチスが、出版業界におけるユダヤ人の影響を大げさに言い立て、多くの新聞、なかでも巨大な発行部数を誇る有力新聞のいくつかがユダヤ人の手にあると言い張っていた。ナチスはまた、ユダヤ人がそれらの新聞を通じて反ドイツ的精神を世論に振りまき、大学教授と司法官の大部分もユダヤ人であることから、彼らが自分たちの仕事の領域で有害な影響を行使していると主張していた。わが国で、こうした見方をすることは不可能だった。なぜなら出版の領域でも、中等・高等教育の領域でも、司法の領域でも、状況はドイツのそれとはまったく異なっていたからである。

人種問題についても、ブルガリアはその問題をナチスドイツと同様の仕方で提起することはなかった。一般に、〔ナチスドイツが掲げる〕人種の純血という理論の支持者はブルガリアにはおらず、例外があったとしてもそれは問題にならないぐらいの少数派だけだった。一九四〇年一〇月七日〔本書一五九頁のディモ・カザソフの回想では一一月六日〕に内務大臣が国会に提出した国民保護法案の提案理由のなかではこう宣言されている。「ブルガリア国家とブルガリア国民は、その国民的性格をつねに完全に無傷のまま保持したいと願い、それに成功してきた。ブルガリア国家は完全に国民的であり、ブルガリア国民はその純血を、ヨーロッパではブルガリアと同じ程度にそれを誇れる国がほとんどないほどに守ってきた。」また、この宣言の少し後ろの部分では、次のように述べられている。「過去には、当時の生活状況のゆえに、また当時の支配的な考え方のゆえに、純血を保存しようという願望にほとんどその存在理由はなかった。それでも現在において、国民はこのような形で正当な防御を確かなものにする必要があり、とくに非合法の、外国人に支えられた国際組織との関係でその必要がある。そのような組織は、ユダヤ人共同体内部に反国民的な影響を広げるかもしれない。そうなればユダヤ人共同体は、国際的ユダヤ共同体の一部として、ブルガリア的精神とは無縁のものとして留まり、その国際的関係によって、また個別のあるいは組織された行動によって、国民国家にとって危険な存在となる。そうした行動の性質は疑わしいものであり、反国民的なものでありうる。」以上は、国民の正当な保護を目指す法案の提案理由を、ほぼその文面通りに引用したものである。ここでなされている説明によれば、ブルガリア国民はそれでもその純血を守りえてきたのである。

わが国では、ブルガリア人とユダヤ人の結婚は極めてまれであることから、人種の純血にとって、それがブルガリア人とユダヤ人以外との結婚以上に危険だと見なされたことはなかった。ユダヤ人以外との結婚は比較的多く、その例としてはドイツ人との結婚があげられる。したがって、法案を提出する主要な理由としてあげられたのは別の点、すなわち反国民的な影響のほうであり、その影響は「非合法の、外国人に支えられた国際組織」を手段として行使されており、そのような組織は「ユダヤ人共同体内部に反国民的な影響を広げるかもしれない。そうなればユダヤ人共同体は、国際的ユダヤ共同体の一部として、ブルガリア的精神とは無縁のものとして留まり、その国際的関係によって、また個別のあるいは組織された行動によって、国民国家にとって危険な存在となる」と見なされていた。

ここで標的にされているのは、もっぱらフリーメーソン[12]の秘密組織であり、この組織が反国民的な思想を広げるかもしれないとされていたのである。私は個人的に一度もフリーメーソンであったことがない。だから私にはフリーメーソン組織内部の生活がどのようなものであるかについて証言はできない。だが、そのような反国民的役割を演じたなどと微塵も疑われるはずのないブルガリアの社会的・文化的エリートに属する多くの人々がそれ以前から、そしてその時点でもフリーメーソンの構成員であり続けていたことを私は知っている。私は内務大臣ガブロフスキ自身がフリーメーソンだったことも知っている。その彼が国民保護法案を国会に提出したのである。首相であったフィロフ教授もフリーメーソンだった。以前大臣だった故P・ミディロフはフリーメーソンの支部長だった。このようなエリートの属する組織が、国際的関係を通じて、国家にとって有害な役割を果たしうるなどと考えるのは馬鹿げている。そうした見方とは反対に、ブルガリアのフリーメーソンが、彼らが有する国際的関係をむしろブルガリアの擁護とブルガリアの利害のために用いてきたことを知れば、なおさらそうした考えが馬鹿げていることがわかる。明らかなのは、こうした非難が、フリーメーソンに国際的ネットワークを形成する敵対者を見ていたナチスドイツの議論の後追いであったことだ。ドイツ人にとって、このフリーメーソン糾弾にはどの程度まで根拠があったのだろうか。いずれにせよ、この糾弾はわれわれブルガリア国民には関係のないことだし、また私はドイツの事情にもよく通じていないので、これについて発言することは止めておきたい。しかし、ブルガリアでは、問題の法案を擁護するために列挙された方針のもとで言及された疑いは根拠があるどころか、まったく馬鹿げたものだった。

国民保護法案で第一に標的にされていたのはフリーメーソンだった。その次の標的がユダヤ人だった。

12☆　十八世紀の啓蒙思想から生まれ、平和と幸福の実現を目標とする世界的規模の博愛主義的団体、またはその会員。

ブルガリア社会が関心を示し、気にかけていたユダヤ人の経済的役割についてはすでに手短に触れた。法案の提案理由ではこの要素に触れられていなかった。しかし法案自体は、次のような領域に関わる詳細な措置を含んでいた。ユダヤ人出自の人々の土地財産（第四章）、ユダヤ人の職業的・経済的活動（第五章）。それらの措置は、ユダヤ人から、ブルガリアの経済生活への参画の道をすべて剝奪していた。しかもそれらの措置は、その後法律の改変、付則、またその適用のための細則によってさらに拡大強化された。ユダヤ人に特別に適用される税制ほか数々の措置がユダヤ人への迫害を強め、ユダヤ人の政治的諸権利やその他の諸権利を極端なまでに縮減させた。それに加え彼らはダビデの星を付けるよう強要されたのだが、それはどんな場所でも彼らを識別し、これによって彼らの移動に制限を加えるためだった。

先に引用した通り、法案の提案理由では次のように言われていた。「ユダヤ人共同体は、国際的ユダヤ共同体の一部として、ブルガリア的精神とは無縁のものとして留まり、その国際的関係によって、また個別のあるいは組織された行動によって、国民国家にとって危険な存在となる。そうした行動の性質は疑わしいものであり、反国民的なものでありうる。」これこそが主要な目的だった。後になって有害な影響を与える可能性のあるあらゆる活動を禁じるというのである。しかし注意しておかねばならないのは、法案についての、またその適用についての議論の過程では、法案の提案理由に述べられているようなそうした推測や省察を根拠づけるいかなる具体的事実も現象も示されなかったことである。それらの推測や省察は単なる仮定、漠然とした考察でしかなく、現実に観察された行為や現象によって正当化されたものではなかった。

　法案が国会に提出されると、さまざまな反応が社会の内部で引き起こされた。もちろん、もっとも激しい反応はユダヤ人たちからのものだった。何通もの長文の請願書によってユダヤ教中央長老会議が繰り返し主張したのは、およそ四万六〇〇〇人のブルガリアのユダヤ人が、ブルガリア国民、ブルガリア文化の完全で分離不可能な部分をなしていること、ユダヤ人とブルガリア国民が共に生きることでこれまでいかなる問題も生じなかったこと、ユダヤ人が度重なる戦争のあいだも、ブルガリ人の傍らで血を流して戦ってきたこと（九五〇人の犠牲者）だった。これらの請願書は、第一次大戦の末期に開催された少数派会議において、ユダヤ人が、各国に居住するブルガリア人少数派を熱心に擁護したこと、また、パレスチナに移住するためにブルガリアを去ったユダヤ人が[13]、ブルガリアに対する自分たちの愛着を表明したことなどを思い出させてくれるだろう。この愛着については有名人を含む多くのブルガリアの旅行者が証言している。ユダヤ人を擁護するそれらの請願はブルガリアの政治生活へのユダヤ人の参画を詳細に吟味し、ある人々が想像しているようなものとはほど遠い参画でしかなかったと結論していた。そこで言明されたのは、ユダヤ人の多数は貧しい人々、工員、職人であり、彼らの住むみすぼらしい界隈は貧しさそのものしか思わせないということである。請願書によれば、レジェ通り、タルゴフスカ通りのユダヤ人経営の百貨店だけを見てユダヤ人を一般化し、その一般化からユダヤ人全体について結論を引き出すのはまったくの誤りである。そうした豊かなユダヤ人など、ユダヤ人共同体のなかではまったく話にもならないほどの少数派でしかなかった。

13　一九四八年のことだった。

請願書はまた次のような指摘もしていた。ユダヤ人はブルガリア国民のもっとも大きな富、すなわち土地の所有から除外されていた。ユダヤ人は大量の人間を抱える公務員職に就くことができなかった。ユダヤ人は国民を精神的に指導する職業、すなわち出版、音楽、演劇、芸術といった諸活動にも参画することができなかった。当時の最新の統計によれば、ユダヤ人の大実業家はわずか八四名しかおらず、銀行家はひとりもいなかった。ユダヤ資本の唯一の大銀行であるグウラ銀行（その資本は二五〇〇万レフ以下である）は実際には協同組合銀行であり、それを除けばユダヤ資本の銀行はせいぜい二五万から二〇〇－三〇〇万の資本しかない二、三の小銀行だけだった。ソフィアで自由業を営んでいたユダヤ人は全体でわずか二三七名であり、その内わけは医師八四人、弁護士五八人、技師二五人、歯科医七〇人だった。こうした人々が自由業を選んだのは、ユダヤ人が国家公務員にも地方自治体の職員にもなれなかったからである。請願書のこうした指摘には、軍役に就くことをユダヤ人に禁じる法律によって彼らに加えられている名誉毀損や、法案に盛られた規制とそのもとでのユダヤ企業の閉鎖によってユダヤ人の工員たち、雇員たちを襲うであろう悲惨な生活への恐怖が感じられた。さらに、請願書は、ユダヤ人には他の民族より犯罪者が多いという主張の誤りを統計に基づく証明によって指摘していた。その指摘によれば、ブルガリアのユダヤ人住民の犯罪率は、ブルガリアの他の国民のそれを越えず、むしろそれより低かった〔本書九八頁も参照〕。ユダヤ教中央長老会議によるこれらの請願は、法案を擁護する議論に全面的に反論するものだった。

社会の広範な層やいくつかの組織もこの法案に衝撃を受け、照準をしっかり絞った批判的言明を含む請願書を送付した。ブルガリア弁護士連盟は特別請願を首相〔実際の送付先は国会議長。本書七三頁〕に送り、「無益で、社会的に有害であり、わが国の法秩序と正義に反する」法案が廃棄されるよう強調していた。[14] 詳細な議論を展開するこの請願書によれば、ユダヤ人少数派に対して予定されている制限的で侮辱的な数々の措置は、ブルガリア国家とブルガリア国民の利害によって正当化されるものではなく、自由を重んじるブルガリア人の民主主義的精神と矛盾するものだった。「ブルガリア人は、オスマン帝国の軛《くびき》、苦い思い、不幸、不運、不正が続いた長く苦しい期間を通じて、ユダヤ人を敵、あるいは専制者と見なしたことは一度もなかった。」内務大臣自身の言明（「ブルガリア国家は完全に国民的であり、ブルガリア国民はその純血を、ヨーロッパではブルガリアと同じ程度にそれを誇れる国がほとんどないほどに守ってきた」）を根拠として、弁護士たちの請願が主張していたのは、ユダヤ人共同体はわが国の経済も、わが国の文化も、わが国民の純血も決して脅かしたことがないという考えだった。そのような状況において、ブルガリア国民の一範疇をブルガリア国民の外に放り出し、彼らを道義的に貶めるこのような法案は、ブルガリア国民にとってまったく必要のないものだった。この請願書はまた、外国の支配下にあるブルガリア人少数派の存在をも思い起こさせていた。彼ら少数派の運命がブルガリア国民のあいだに苦痛と怒りを引き起こしていたのである。請願書では、そうした支配のもとにあるブルガリア人少数派についてのわれわれの懸念とわれわれの闘いは、もしわれわれ自身が自分たちの領土内においてブルガリア人とは別の少数派に対して正当化しえないこのような数々の措置が取られ、彼らに対して恣意的な振る舞いがなされることを認めるなら、その正統性と道義的価値をおおいに損なうだろうとも述べていた。さらには、ユダヤ

14　本書七三頁以下に収録されている。

人弁護士の職業活動へのあらゆる制限も受け入れられないとしていた。請願書は最後にユダヤ人問題を法的側面から検討しつつ、新たに取られようとしている数々の措置が憲法と矛盾しており、法のもとの平等や政治的・公民的諸権利の尊重に関わる憲法の規定が侵されつつあることを説得的に示していた。

さまざまな階層出身のブルガリアの作家の一団が、首相〔と国会議長〕宛に請願書を送ったことも人々に伝えられていた。そこでは「ブルガリアの文化とブルガリアの名声の名において」、「この法律がもたらすであろう悲しむべきさまざまの結果」が「わが国の立法を辱める」ことがないよう、また「このうえなく陰鬱な記憶を残す」[15]ことがないよう要求していた。この請願書に署名した作家たちは、ブルガリアでこのような法律が必要とされたということ自体に驚きを表明していた。わが国民は誰からも攻撃されておらず、圧力を被っていなかったからである。作家たちはまた、「そのような法律はブルガリア国民にとってまったく有害」であり、「ブルガリア国民の一部を奴隷の身分に落とす」ものであり、「わが国の現代史の暗黒のページとして後世まで残り続ける」であろうという彼らの確信を表明していた。請願書はさらに続けていた。「ブルガリア人共同体は、その歴史を通じて、迫害と屈辱を受け続けて」きた。だからと言って、「われわれもまた危険な道に踏み込んで、文化を持ち自由である国民としての自身を否定せねばならない」のだろうか。われわれ署名者の目的は、「文明世界におけるわが国民の良好な評判を守り、法律の制定に関係する人々に、わが国の威光とわが国が獲得してきた宗教的・人道的寛容という伝統を毀損するこのような法律の制定を認めないよう警告すること」である。作家たちの請願に述べられた主要な考えは以上のようなものであり、その署名者としてT・G・ヴライコフ、エリン＝ペリン、S・チリンギロフ、G・チェクメジエフ、T・クネフ、E・バグリャナ、N・リリエフの名も見ることができる。

医師連盟もこの法案に対する態度を明らかにした。彼らもまたこの法案に反対し、その必要性も有益さも否定し、その法律が成立すれば重大な結果がもたらされると予測していた。今手元に医師連盟による請願の正確な文面がないので、それを詳細に検討することはできない。

人々に伝えられていたのはこれらの請願だけではない。よく知られたジャーナリストであるディモ・カザソフも首相宛に公開書簡を送り、あらゆる点から問題の法案の目的とその基礎を激しく否定し、このような法律は国にとっても対外関係にとっても重大なさまざまな結果を招くだろうと語っていた。[16]

全体的に言って、この法案に反対するこうした立場表明のすべては、この法律のそもそもの原因となっていた外国からの影響についても、またユダヤ人に対するさまざまな措置が対外政策と関係するという事実についても沈黙を守っていた。作家たちの請願におけるただ一ヵ所の仄めかしだけが例外で、そこでは「模倣」という語が用いられていた〔本書七一頁。「われわれもまたこうした残酷な振る舞いを模倣しなければならないのでしょうか」〕。しかし誰もが確信していたのは、これらの措置が取られる理由は対外政策上の利害によるものであって、それはドイツが推進していた政策と歩調を合わせるためだということである——このことが、ユダヤ人問題に与えられていた重大さとユダヤ人共同体に対して取られる措置の苛酷さを説明していた。それらの措置は、「ユダヤ

15　本書七一頁に収録されている。

16　本書八七頁以下に収録されている。

人共同体によるあらゆる活動は、ドイツ内外で、ドイツの政策とドイツ国民に敵対するためになされている」という非難によって正当化されていた。わが国では、ユダヤ人に対するこうした非難はよく知られていたし、ドイツ当局がドイツの占領地域で取っていたユダヤ人に対する措置の苛酷さについてもよく知られていた。もっとも、強制収容所での迫害がどの程度のものなのか、また実際にそこで何がおこなわれているのかについては、まったく想像がつかなかった。われわれがそうしたすべてのことを知ったのは大戦末期になってからである。[17]

当時、ユダヤ人問題が対外政策において果たす役割、またそれがわが国とドイツの関係にもたらす影響については、まったく話題にされていなかった。国会におけるこの法案の審議の際にも、こうした問題は提起されなかった。国会において目指されていたのは、この問題を、まったくの内政問題として提示し、内政上の理由のために解決することだった。そのような理由が完全に真実でないことが明らかになったのは、たしかに、とりわけ戦争の終了後ではあった。しかし、ユダヤ人問題が提起されるや否や私が確信したのは、この問題はまさにブルガリアの政策をドイツの政策に調和させるために作り上げられたということである。その根拠は、ドイツ人たちがこの問題を極めて重要なものと考え、ドイツ人に対する、またドイツ人の政策に対する全世界的な敵意を国際ユダヤ共同体の影響によるものと見なしていたことである。だからブルガリア社会としては、この問題について推測を重ねるしかなかった。ある人々は、ドイツに対して取るブルガリア政府の政策がブルガリア国民、ブルガリア国家の主要な目的を達成させると期待しており、そのことがユダヤ人に対する圧迫措置を正当化すると評価していた。政府によるそうした政策がブルガリア人の利益になると考えたのである。[18]しかし、ユダヤ人に対する措置が永続化することについては誰も受け入れていなかったし、その措置がナチスドイツの適用する規模と形態を取ることについてはなおさら誰も受け入れていなかった。もっとも、ナチスドイツの行状の全貌がブルガリアでようやく知られるようになったのは大戦末期のことだった。

それでも、法案を支持する者はいた。まず経済界の人々が声をあげ、ブルガリアにおけるユダヤ人の役割について、彼らの分析を述べた。彼らが政府に提出した請願の主張は、ユダヤ人が経済生活において支配的な役割を果たしており、それが国にとって確かな危険になるというものだった。ブルガリア商人連盟が公式に立場表明をおこなったことはないが、この連盟は政府にこの「国家問題」の解決を委ねた。また、さまざまな集団、「商人、実業家、職人の諸連盟所属の経済人から」も多くの声明が発せられた。それらの声明では企業内におけるユダヤ人勢力の具体的存在が語られ、たとえば繊維企業であるベロフとホリンスクでは何人かのユダヤ人がこの両企業をわがものにしていると、ベルギー＝フランス銀行では怪しい株式が使われてユダヤ人のものになっていると主張されていたが、これらの請願や声明が述べていることについて真偽を確かめる術《すべ》はなかった。さらに、「商人、実業家、職人の諸連盟所属の経済人から」発せられた声明にはユダヤ人やユダヤ企業が企業をわがものにし管理する目的でどのような活動をしているかが記されていた。それによれば、そうした目的のために、ユダヤ人は自分たちの

17　しかし、ペシェフによって一九四三年に出された請願書がすでに「大量殺人」について語っていたことには注意せねばならない。本書一一四頁に収録されている。

18　ブルガリア人はドイツ人が西トラキアとマケドニアをブルガリア領に戻してくれることを期待していた。

手先となって働く何人かのブルガリア人を誘惑して用いていた。実際、全体的に見ると、経済生活こそが、ユダヤ人が国にとって危険であると非難される主要な領域だった。無署名のものが多数を占めるそれらの声明は、このようにして原則的に法案を支持しながら、国民経済にとっての危険を取り除くための措置が遅いと主張していた。これに加えて、それらの声明が主張していたのは、取られようとしている措置はまだまだ不十分で弱々しいものであり、なお強化されねばならないということだった。これらの主張を理由に、法案のさまざまな条項について具体的な修正提案も出されていた。たとえば、ユダヤ人の経済生活への参画人口の割合を、全人口に対するユダヤ人人口の割合以下に抑えるという提案もそのひとつだった。

さらにはまた、ある人間がユダヤ民族に所属しているか否かを決める基準の問題についても多くの議論がなされた。ユダヤ人でキリスト教に改宗した人々の問題が、とくにいくつかの職業においてユダヤ出自か否かはほとんどどうでもいいのではないかとする議論を呼び起こした。この問題はブルガリア正教会への改宗ユダヤ人を擁護するブルガリア正教会とのあいだに対立を引き起こし、政府をおおいに困らせた。

この法案に対して好意的な意見は他の組織からも表明され、大きな騒ぎを引き起こした。まずブルガリア全国学生連盟が声明を発し、同法案はユダヤ人に比較的穏便な措置を取っているとして、これを支持した。そして、ブルガリアの経済生活に対するユダヤ勢力の干渉をただちに終了させる措置が必要だと主張した。この学生組織によれば、「ブルガリアは国際ユダヤ資本を無条件に受け入れた唯一の国であるが、その貪欲な国際ユダヤ資本は、多くのブルガリア企業の息の根を止めた後、今度は文化・経済に関わる国民生活において、明らかに反国民的傾向を広げる役割を果たそうと望んだ」。この声明は、弁護士連盟、医師連盟、作家たちがこの法案に対して示した反応を激しく攻撃していた。声明が仄めかしていたのは、同じユダヤ勢力がこうした反応を引き起こさせたのであり（そのことは実際にユダヤ企業の強力さを証明するものだとされた）、今こそブルガリアはこの嘆かわしい一件にけりをつけるべきだということである。

何人かのブルガリア人がユダヤ人による支配という許すべからざる状況を擁護した事実は、この学生たちのブルガリア的意識とは相容れないものだった。彼らは作家たちが表明した「憲法を擁護するための明瞭な理由」に、より深く隠された意図の不作法な隠蔽しか見なかった。これについて学生たちはこう説明している。「それらは、まったく責任感を喪失した人々が抱いた意図であり、国民と社会の利害の上に、形式的に過ぎない正当性と漠然としたものでしかない人間愛を置こうとするものである。」学生たちの声明はさらに続ける。「国民的重要課題を解決せねばならない局面であるにもかかわらず、ユダヤ人を美文で擁護するために署名した弁護士連盟、医師連盟、作家たちは、ブルガリア人の国民的権利を擁護しようとはしない。実際連中は、ユダヤ人に対してはごくわずかの制限的措置しか取られていないのに、本来なら決してありえない、しかも現在まで許されてきた状況を積極的に擁護しようとする。そのようにすることで、連中は自分が擁護しようとする人々にとっておおいに害となっているのだ。というのも、ユダヤ人を擁護しようとする連中のそのような振る舞いは、ここでもまた、ブルガリア国民の自己防衛のあらゆる動きを押し潰すためのネットワークがどれほど緻密に織り成されてきたかを証明しているからだ。」声明の最後で、学生たちは、ブルアリアにおけるユダヤ人の経済支配をそれまで怠惰にも許してきたあらゆるブルガリア人に対する断罪を決意する。声明は次のように締め括られている。「ブルガリア人の若き世代は戦闘位置についている。そしてこの世代は、現時点に至っても国民的理想の実現のために闘わぬ者ども、今や国際ユダヤ共同体の擁護者であることが明らかになっているあらゆる者どもに弁明を要求する。」

一方、ブルガリア青年連盟はその機関紙『パイシ親父』で、彼らとしての声明を発した。この連盟は、外国勢力としてのユダヤ人に敵対すると宣言し、ユダヤ人は「ブルガリア人から経済的利益を引き出し、ブルガリア人を犠牲にして自分たちの安寧を保っている」と述べている。彼らの主張によれば、「ユダヤ人共同体はすでに時代遅れの憲法によって彼らに与えられた自由を利用し、こうして世界的ユダヤ共同体の政策を実行させている」。また声明では、「寛容と呼ばれる、不吉なブルガリア人の性質」について語られ、外国人たち、とくにユダヤ人がこのブルガリア人の性質を利用しているとされている。ブルガリアが七〇〇万の人口しか有さず、それ以上に人口を増やせないのはこの「不吉な性質」のせいであり、ユダヤ人共同体が重要な地位を占有してわが国の経済に深く浸透したのもこの「不吉な性質」のせいだとされている。この声明が人々の収入、利益、資本についての数字を引用しながらおこなう主張によれば、ユダヤ人がわが国を経済的に征服できたのは、彼らが予備役将校のあいだに見られるブルガリア風の名前の後ろに隠れたからであり、またわが国の何人かの公的人物の政治的素朴さを利用したからである。都会に住むブルガリア人の年間平均所得が住民ひとりにつき一〇六七レフであったのに対し、同じ条件下に住むユダヤ人のそれは住民ひとりにつき二万六一一〇レフであったらしい。また、ブルガリア人商人の利益がひとり当たり三七一レフであったのに対し、ユダヤ人商人のそれはひとり当たり一万八一九レフであったとされる。ユダヤ人は大規模商業の八〇パーセントを管理し、いくつかの製造業では八五パーセントまでをも管理していたとされる。

ブルガリアのユダヤ人の人口比率が比較的低いだけに、こうした数字はさらに嘆かわしいものとなる。ユダヤ人とブルガリア人の人口比率は一対一〇〇の割合だが、ユダヤ人はひとり当たりブルガリア人三〇人分の利益を得ているとされる。声明によれば、こうした事実があからさまに示しているのは、われわれはこのうえなく寛容な国民であるどころか、このうえなく愚かな国民だということである。だが、ここであげられている数字はそもそも怪しげなものだし、その数字を基になされている省察はまったく説得力を持たない。国民保護法案について声明が主張しているのは、この法案はユダヤ共同体による搾取を実際に終わらせるにはほど遠い法案であり、したがって法案が予定しているユダヤ人に対する制限は効果のない空しいものだということである。それは中途半端な措置でしかない。声明によれば、その法案はユダヤ人保護法とすら呼べるものである。さらに先で、声明は、激しくまた乱暴に、弁護士たち、医師たち、作家たちの請願を攻撃する。声明では、それらの請願はあらゆるブルガリア人に嫌悪を覚えさせたとされる。その弁護士ども、医師ども、作家どもは「精神的高貴さを失い、たやすい儲けを得られる裏切りの道に踏み込んだ」とされる。『パイシ親父』のこの声明は、弁護士たち、医師たちはもっとも当たり前の国民感情さえ失っていると主張する。なぜならこの裏切り行為によって彼らはブルガリア国民の利害を台なしにしたからである。声明の最終部では、作家たち、弁護士たち、医師たちが「秩序」「合法性」を擁護する諸概念を素朴に信じているのは許容しがたいとされている。現代に霊感を与えているのはむしろ新しいスローガンである「正義」だからである。声明は次のように感情的に締め括られている。「ブルガリア国民はその知識人たちの行為を忘れない。ブルガリア国民の進歩は、その自由で着実な発展を妨げようとする、目に見える敵、あるいは隠れた敵の死体を踏み越えていく。」

この法案はさらに、半《なか》ば公的なものである青年組織「防衛者《ブラニク》」によっても擁護された。この組織はその綱領にユダヤ人問題を掲げており、あからさまに反ユダヤ的行動に乗り出していた。綱領では、「寄生者、略奪者としてのユダヤ人の役割」という問題が展開されていた。そこでは、ユダヤ人が経済生活を支配し、ブルガリア国民の文化生活全体に影響を与えており、他方で「近代主義」がユダヤ人共同体の力を借りて、ブルガリア独自の文化の基礎を掘り崩しながら、民衆階層に広く浸透していると記され、最後に、こうしたことすべてはユダヤ人が外国と持っている関係によるものだと記されていた。「防衛者《ブラニク》」によれば、それこそがブルガリアにおいてユダヤ人問題が単に経済的な問題ではなく、ブルガリア文化の特性を毀損する理由だった。これに加え「防衛者《ブラニク》」は、わが国においてユダヤ人問題は人種の純血の問題でもあると主張していた。この組織によれば、ユダヤ人とブルガリア人の結婚がより頻繁になっているが、国際ユダヤの中核によって組織されたこの試みは、退廃したユダヤ民族をブルガリアの血によって再生させること、それによって社会的・政治的関係の創出を目指すものであり、とりわけ目指されていたのは、わが国で生まれつつある反ユダヤ運動をその萌芽のうちに押し潰すことだった。男女に関わりなく、ユダヤ人と結婚したブルガリア人が「防衛者《ブラニク》」によって激しく非難されていた。「金銭と安寧のために」自分たちの社会的地位を売り渡し、彼らが持っているもっとも貴重なもの、すなわち彼らのブルガリア人の血まで売り渡したというのがその理由だった。「防衛者《ブラニク》」が主張していたのは、ユダヤという「厄災」との闘いはブルガリアだけでなく、実際は「新たなヨーロッパ」全体でなされていることであり、「防衛者《ブラニク》」はこの危険な敵との闘いを立派に遂行するために、自分たちが持つ活力のすべてを動員するだろうということだった。

法案についての国会での審議は、法案反対派の側からの強硬な批判にぶつかった。もっとも、この点について国会多数派が一致していたと言うことはできない。多数派の多くの代議士は、この法案をその原理においても、またその様態においても是認していなかった。しかし分裂は、外から見える激しい形で現れることはなかった。なぜなら、この法案に内心反対している者の多くは、その当時のもろもろの政治的必要と国の大きな政治方針、あるいは国家に関わる利害の前に屈していたからだ。そのために彼らは自分たちに強《し》いられる犠牲を受け入れた。この犠牲をたやすく受け入れられたのは、ユダヤ人に課される制限が、たとえ苦痛を与えるものだとしても、一時的なものであり、極端なものとは映っていなかったからである。こうして、その法案はわずかの改変を加えて可決された。それは一九四一年一月に公布され効力を発した。続いて、その適用細則が公表され、そのための機関が組織された。ユダヤ人問題局である。法律の適用の責任を負うこの中央執行機関の構成員の選択は成功とは言いがたかった。その長には、過激な反ユダヤ的態度で知られた人物[19]が据えられた。この人物はその職務の執行において、自分の個人的確信をあからさまに示し、彼がおこなう決定はしばしばユダヤ人に対する敵意を露骨に示すものだった。こうしたすべては、法律の実施に伴う困難を避けようとするような、また法律の極端な

19　この人物とはアレクサンダル・ベレフである。

適用からくる過剰な不満を抱かせぬような雰囲気の醸成にはほど遠かった。

私は法律の適用の、物質的、財政的、対人的、設備的等々の詳細には通じていない。私たちに伝わってきたのは、何人かのユダヤ人の人生に生じた諸困難についての噂であり、またユダヤ人問題局の措置や、ユダヤ人問題局との関係についての不満の噂だけだった。そうした不満は、新たに生じた雰囲気がもたらしたものだった。ユダヤ人には高額の税金がかけられ、ユダヤ出自の人々の職業的・個人的財産に関する法律を厳格に適用しようとするさまざまの措置が取られていた。それでも、こうした厳しい規定はいくつかの議論を引き起こした。それはとりわけ、法律の条文の解釈の違いによって惹起された、ある種の人々のユダヤ教への所属の評価をめぐって激しかった。ある解釈によれば、社会的に重要な地位に就いている人々についても、そのユダヤ出自を明確にすることが適当とされた。こうした人々も法律や施行細則に規定された諸結果を受け入れるべきであり、たとえばダビデの星を他のユダヤ人と同じように身に付けるべきだとされた。こうした意見は、何人かの代議士を困惑させ、このような馬鹿げた行き過ぎを避けるための決定をおこなわざるをえなくなった。全般的に言って、代議士たちの考えはこうした極端な立場を是認するにはほど遠く、むしろ「ユダヤ出自」という概念の制限的な適用を望んでいた。実際、その方向で問題解決が図られ、その結果、当の条文は、とくに国家への貢献が広く知られている人々には適用されないことになった。ただこの決定には、そうした考え方とはまったく逆の立場に立つ代議士たちからの反対もあった。

こうして、この法律の適用は続けられた。それに当たって多少のガタツキ、多少の苦痛が伴わなかったわけではないが、それでも極端な憤激を引き起こすような事態は起こらなかった。こうした状況は、ユダヤ人問題が複雑化することなく、また新たな措置によって深刻化することもなく、解決されるのではないかという期待を抱かせた。この新たな希望をとりわけ強化したのは、内務大臣P・ガブロフスキが一九四二年九月一九日の国会における国会多数派の集会で、政府の内政政策についての立場を表明したおりにおこなった宣言、すなわち、ユダヤ人問題にはけりをつけ、それを政治舞台から降ろし、法律の規定を「理に適《かな》った、人間的で道義的な仕方で」適用せねばならないとする宣言だった。当時は、さらに厳しい新たな措置がユダヤ人に対して取られるのではないかという噂が広く流れていたので、この宣言にはそうした噂を耳にして恐れていた人々の心を鎮める効果があった。

私は一九四二年から四三年の冬に政府内部でどんなことが起きたかについては通じていない。いくつか断片的な情報が私にまで伝わってきたのは戦後になってからである。ところが、当時、ユダヤ人にとって、少なくとも、彼らの一部にとって悲劇的な結果をもたらしかねないとても劇的な諸事件が起きつつあった。そしてそれらの事件は、間違いなく、ブルガリア人を消しがたい汚辱で穢《けが》しかねないものだった。しかも、それらの事件は国の政治の基礎に影響をもたらしうるものであり、国の政策の道義的な力に好ましくない形でのしかかりかねないものだった。政府の政治の楽屋裏で何が起きていたのだろう。私にはそれを言うことはできないし、これがこの問題の解明への私の貢献が小さなものでしかなく、それ以上のものを期待する人々に満足を与えられない理由である。この劇的な諸事件において、私の活動の基礎は純粋に国会内部のものである。そしてこのことこそが、おそらくは、私の活動が逆説的にも持ち得た力と重要性の源だった。すべての文献資料を手元に持ち、もし当時の事件に関係した何人かが生き残っていればその人々の証言を集め、さらにはブルガリアと諸外国の外交文書をも駆使しうるような未来の歴史家ならば、それらを突き合わせ、各立場からのプロパガンダの意図やその他の政治的・個人的利害に惑わされることもなく、それらの批判的読解をおこなうことができるだろう。そして、もっぱら公正に、歴史の真実の名において仕事をするなら、その歴史家はこの諸事件がどのように展開したかを正確に見定め、またこれらの事件に関わった各人が問題解決のためにどのような役割を果たしたかを見定めることができるだろう。

私としては、これから最大限の客観性をもって――当時私は記録を取っていなかったので、私が現在思い出す限りにおいて――国会でおこなわれたこと、そして私が個人としてそこで果たした役割について述べていこう。私は自分にとって確かなことしか語らないし、自分の記憶に確信が持てないときにはそのことも忘れずに書き記そう。この一件を個人的な弁明にしようという意図など私には微塵もない。というのも、個人的な目的のために歴史が誤った仕方で語られるとすれば、真の客観的歴史は犠牲にされてしまうと確信しているからだ。

だから、皆さんがこれから読まれる説明には、ユダヤ人問題に関係した劇的なさまざまなできごとが展開された場所のうち、ただひとつの場所、すなわち国会のことしか語られていない。もしさまざまな探究をした後に、未来の歴史家が、この場所が国にとって決定的であり、さらには国にとって有益な役割を果たしたと結論してくれるなら、私は道義的に大きな満足を得られるだろう。というのも、すでにご承知のように、その場所こそが、私が活動していた場所だからである。今のところ、私自身がこれについて結論を述べるのは差し控えたいと思っている。なぜなら、私は起きたことの一部しか物語らないからだ。この資料に接したそれぞれの人間が、その責任において、私が細心に客観性をもって示す以下の諸事実から、ご自身の結論を引き出していただきたい。

内務大臣ガブロフスキの言葉に従えば「理に適《かな》った、人間的で道義的な仕方で」この苦痛に満ちたユダヤ人問題が解決されるのを待っていたとき、この問題に関して、ブルガリアが獲得した新たな領土で騒ぎが起きているという噂がわれわれまで届いた。エーゲ海沿いの西トラキア地方とマケドニアでユダヤ人に対して新たな措置が取られたらしいとのことだった。この件については、公《おおやけ》になされたいかなる確認もなければ、それらの領土で取られた措置についてのいかなる説明も、またなぜそれらの措置が新たな領土のみで取られたかの説明もなかった。そのようなことが起きたのは、公式にはブルガリアに併合されたわけではないそれらの地方でその力をより強く有していたドイツが、自らの決定をわが国に押しつけてきたからではないかと私は推測していた。ただ、それらの領土と「もともとのブルガリアの領土」とのあいだに行政的手続き上の違いはなかったので、私の推測はひとつの仮定に過ぎなかった。私が噂として聞いたのは、この新たな領土でおこなわれたユダヤ人への新たな措置とは、無条件に一斉検挙をおこなって男たち、女たち、子どもたち全員を捕らえ、どこかへ連れ去るというものであった。この新たな措置の性格はいかなるものだったのだろう。年齢・性別に関わりなく、このユダヤ人たちはどこに送られたのだろう。そしてなぜ送られたのだろう。すべては秘密に包まれていた。それでもあらゆる推測が可能だった。それは劇的で、さらに言えば悲劇的な情景を思い浮かべさせた。

その人々に起きたことを、そしてそれがどうして彼らに起きたかのを理解しようとしていたとき、ドドゥプニツァ選出の代議士ディミタール・イコノモフが私に会いにきた。私と彼とのあいだには、国会で議論になったいくつかの問題について、意見の相違があった。それ以後ふたりのあいだには緊張があり、私たちは互いに言葉を交わさないまでになっていた。だから彼の訪問に私は驚いた。私はこの代議士を、人間として、また、彼が生まれたドゥプニツァの町の利害とその町の自分の選挙人団の利害とをちゃんと弁えられるまともな公的な人間として尊敬していた。彼は私に、町で見かけたことに心を痛めて戻ってきたばかりだと告げた。彼が私に描き出してくれたのは、西トラキアのユダヤ人たちの痛ましい情景だった。それは老人たち、女たち、子どもたち、男たちの姿であり、彼らは荷を負い、打ちのめされて、絶望し、助けを懇願し、無力で、徒歩で足を引き摺りながらいずことも知れぬ方向に向かって町を横切っていた。誰もが推測することしかできない場所のほうに、そして誰もが暗い予感しか抱きえない運命のほうに引き摺られていく無力な人々のこうした情景に、イコノモフは深く怒り、心を痛めていた。彼はまた、この痛ましい情景がドゥプニツァの人々に抱かせた印象についても私に語って聞かせた。彼らは皆苛立ち、怒り、女であれ子どもであれ老人であれ、どこに連れていかれるかわからないこの多くの人々の悲劇的な運命に無関心ではいられなかった。イコノモフの言うことを信じるなら、この悲劇的な情景は、それを目撃した人々の何人が泣き出すほどまでに、人々を動顛させた。

直接の目撃者によるこの詳細な描写に私も動顛した。そして私に伝わっていた噂が本当であったと確信した。イコノモフとこの会話を交わした正確な日付を憶えていないが、とにかくそれは一九四三年三月初めのことだった。その直後、私自身〔自分の出身地である〕キュステンディルに赴いたとき、副知事ミルテノフから、この町のすべてのユダヤ人に身の回り品を携行させ、彼らを同じ場所、すなわち空のタバコ倉庫に集合させる準備が進められていることを知らされた。彼はまた、便所代わりに用いるバケツと水をユダヤ人たちに与えよという命令を自分が受けていることも教えてくれた。今や事態は明瞭になっていた。こうした準備がどのような結果をもたらすかははっきりしていた。秘密は隠されていたが、それを隠しておくことは不可能だった。その担当者に与えられた任務はユダヤ人問題局の担当者の到着が知られていただけにそれは不可能だった。とくにユダヤ人に関わる決定を実施することだった。私はソフィアに戻った後も副知事と連絡を取り合っていたが、まず彼は、タバコ倉庫にキュステンディルのユダヤ人を、しかも夜のあいだに全員を集めよとの命令を受け取ったと報せてきた。次いで、出発時間を決められた特別輸送列車がすでに駅に入り、連結が完了もしくは完了間近であることを報せてきた。ユダヤ人たちを待ち受ける事態に、もはや疑いの余地はなかった。

そのとき、ディミタール・イコノモフが私に描き出してくれた悲劇的情景が私の記憶によみがえってきた。私の人間的良心と、この一件に巻き込まれた人々にとっての運命、そしてわが国の現在及び未来の政治に関わる重要な結果についての私の見通しは、私に何も始めないでいることを許さなかった。計画されていること、世界に対してブルガリアをブルガリアにふさわしくない汚辱で穢《けが》すこと、それを成就させないために、私は自分の力でできるすべてのことをおこなおうとそのとき決心した。政府が国会に相談もせず、また国会の承認も得ずに決定した行為について、私はいかなる道義的・政治的な責任も、またその他の責任も引き受けるわけにはいかなかった。ユダヤ人に対して取られてきたそれまでのすべての措置は、国民保護法を可決した国会による明瞭な、あるいは暗黙裡の承認を受けていた。多数派が国民と国家の高度な利害の名において必要な犠牲として受け入れていたそれらの措置は、たとえ苛酷なものではあっても、とにかくもユダヤ人を殲滅しようとするものではなかった。ところが、今や準備が整い実行を待つばかりになっている運命に、すなわちブルガリアのユダヤ人の強制収容所送りを実現し、それまで想像しえても極めて漠然としか把握しきれていなかったその運命に彼らを任せてしまえば、ユダヤ人殲滅という事態が現実のものになりそうだった。弁護士I・モムチロフ、商人A・スイチュメゾフ、元教員V・クルテフを含むキュステンディルからの代表団〔代議士P・ミカレフを加えて計四人〕が、起こると思われていたことを妨げるために、すなわちブルガリアのユダヤ人の強制収容所送りの実行を阻止するために、この動きに介入するという使命を町の住民から与えられ、ソフィアに遣わされてきたのはそのときだった。私は代表団に自分が他の代議士たちと協力してなそうとしていることを伝え、代表団と彼らを遣わした町の住民たちの意向について政府に伝えるつもりでいることも打ち明けた。このとき私が彼らに付け加えたのは、どこであろうと彼らが個人的に、実際に足を運んでおこなう介入は不可欠なことではないと私が考えているということだった。要するに、私が自分の友人たちとともに、自分にできることのすべてをなすつもりだということである。

まず私が即刻なすべきは、ユダヤ人問題を担当している内務大臣ガブロフスキのところへ行き、できるだけ正確な情報を得ることだった。そして、ユダヤ人に対して取られる措置を受け入れることも承認することも、ましてやそうした措置の責任を引き受けることもできない旨を、したがって、私たちは自分の行為の結果を斟酌せずにこの措置に反対すべく行動する旨を、ガブロフスキにしっかりと理解させることだった。国会では間近に迫ったユダヤ人に対する新たな措置についての噂がすでに出回っていた。おそらくその噂は、キュステンディルの副知事ミルテノフが、秘密厳守とされていたにもかかわらず私に報せてきた情報に基づくものだった。彼が電話で私に報せた内容は、夜のあいだにユダヤ人を一斉検挙し、指定されたタバコ倉庫に彼らを集めよとの命令が下ったことや、彼らを運ぶ予定だった特別輸送列車の出発時刻のこと（その貨車の車列は駅で編成が終わっていたが、行先は明示されていなかった）、そしてそれらの措置を実行する任務を負ったユダヤ人問題局の担当者の到着に関することだった。もしかすると、同じような情報が、別の人間から私とは別の地方の出身代議士へと伝えられていたかもしれない。なぜなら、同様の準備作業が他の町でもおこなわれていたからだ。とにかく代議士たちのあいだに大きな動揺が感じられ、そのうちの数人は私に話しかけ、何が起きているかについて、またこれから取るべき行動について情報を得ようとした。そして内務大臣に対して最初の働きかけをおこなおうとする私の決意に幾人もの代議士が賛同した。こうして代議士たちの反応のみならず、実行されつつある措置に反対する広範な動きが各地で生じていることも伝えるために、代議士による代表団を大臣のところに送ることが決められた。私はそれが何日だったか記憶しておらず、確信が持てないが、おそらく一九四三年三月一〇日前後[20]のできごとだったと思う。

その日は、通常国会が始まろうとしていたときだったので、内務大臣は国会にいた。代議士の代表団に誰が加わっていたか正確には憶えていないが、そのなかにペタル・ミカレフ、ディミタール・イコノモフ、ツヴィアトコ・ペトコフがいたことは確かだ。私たちは全員で一〇名だった。大臣は私たちをすぐに迎え入れた。私は手短に、自分が得ていた情報について彼に述べた。それから、取られた措置に対

20 正確には三月九日である。

する私たちの懸念、私たちの反対、私たちにはその責任が取れないこと、したがってその措置は無効にされるべきことを彼に伝えた。大臣は私たちを落ち着かせようとした。そして、新たな措置が取られたという情報を否定し、正確な状況を調べると約束した。個人的には、そのときの大臣の動揺、苛立ちに私は強い印象を受けた。ユダヤ人に対して格別新しい措置など何も取られていないという彼の主張は、私が得ていた確かな情報とは矛盾するので、とても信じることはできなかった。とはいえ、大臣のそうした不実な言明が実際は罠に過ぎなかったとまでは、まだ疑いさえしていなかった。私がそのとき思ったのは、それは困った状態から抜け出すための方便に過ぎず、それでもとにかく、企てられていたことは実行に移されず、断念されるだろうということだった。当面それで私は安心させられ、満足した。私たちの行動の喫緊の目的は、ブルガリアのユダヤ人の強制収容所送りを回避することだったからだ。翌日、私たちが知ったのは、ユダヤ人をどこかに移送するためにひとつの場所に集める予備作業が実際に中断されたことだった。また他の町々でも、キュステンディルと同様の中断措置が取られているという情報も入ってきた。年齢・性別に関わりなく、ユダヤ人全員が夜のうちに一斉検挙の標的とされ、ひとつの場所に集められ、ある町では、解除命令が出されたときすでに貨車に乗せられていた人々もいた。こうした措置の中断をユダヤ人は希望を持って迎え、ユダヤ人の同国人である大多数のブルガリア国民もこの措置をほっとして迎えた。ブルガリア国民は、公民としての、また人間としての良心に打撃を与えるこうした残酷な措置の実行に反対していた。

結局、この結果によって安心が得られ、起きようとしていた事態について冷静に省察することが可能になった。ブルガリアのユダヤ人問題局長とそれが誰だか正確にはわからないのだがドイツの代表とのあいだで、ブルガリア国内の二万人のユダヤ人を国外の強制収容所送りにする協定が結ばれたという情報も出回っていただけに、なおさら冷静さが必要だった。この卑劣な協定の正確な内容が知られることは一度もなかったし、いったいどんな資格でブルガリアの一公務員がこの協定に署名したのかも、またその公務員がいったい誰によってそのような署名の権限を与えられたのかも知られることはなかった。しかも、何万というブルガリア国民の運命をこんな形で決定することは憲法にも違反し、基本的な人間愛にも背馳するというのに、どんなふうにして、そんなことが可能になったのかも知られることはなかった。したがって、このことはブルガリアの名誉、ブルガリアの国際的な威光にとって、またブルガリアの対外政策が有するであろう道義的な力にとって大きな痛手になっていたのだが、私たちはその道義的力となるべき対外政策を過去においてしばしば自分たちの行動指針としてきたからには、間違いなく未来においてもこれを自分たちの行動指針とせねばならなかったはずなのだ。[21]

公式の事態確認はなされなかった。なぜそれらの措置が中断されたのかについても、これから何が起きるのかについても、政府からの発表はなかった。一切が理解不可能な秘密に覆われていた。そのことが疑いを呼び覚まし、それらの措置は一時的に見送られているだけではないかと考えることも可能だった。そうした疑いが持たれたのは、それらの措置を国際協定と呼ぶ人々もいたなかで、実際にはユダヤ人問題局長と名前が知られていないドイツの代表とのあいだに結ばれた協定による措置であったからだ。本来その権限を持たない公務員によって、憲法に、通常法に、当たり前の道徳に、人間が持つべきあら

21　ユダヤ問題局長アレクサンダル・ベレフとドイツのユダヤ人問題担当官ダネッカーのあいだで結ばれた協定である。

ゆる感情に背馳して結ばれたこの協定は、効力を持ちえなかったし、法的に言えば無効だった。この点で、その協定はまったく恣意的なものであり、いずれにせよ国際的な協定として認められるはずもなかった。

そこで、私は自分がなさねばならないことについて考えた。現在にとって、また未来にとってこれほど重要な問題を前にして、私はただ腕組みをして黙っているわけにはいかなかった。沈黙したりすれば、私の良心に反することだろうし、代議士としての、また人間としての私の責任感にも反することだろう。一時的に中断されはしたが、すでに開始されていたこの措置について、私の良心に照らして考えれば、おそらく憲法的な視点からも、人間的・道義的視点からも重要な犯罪であるこの措置をそのまま放置すれば、その後に起きることに対して私自身が責任を問われることになっていただろう。

それゆえ私は行動することにしたのだが、どのように行動すればよかったのだろう。個人的に行動することはもちろんできたが、それでは不十分だし、効果的でもないと私には思われた。そのようにしてもたいした結果は得られなかっただろう。そんなことをしても、政府はそれをたやすく退けただろう。これらの措置は国家の高度な利害によって正当化されるものだ、措置の理由は公《おおやけ》にできない、政府は間違いなくそのように主張しただろう。しかし、中断された措置はまもなく再び実行に移されるかもしれないし、とりわけこの問題に明らかに強い関心を持つドイツが圧力を加えてくればなおさらそうなるのだから（彼らは、すでに解決済みと考えていたこのことがらが決定的に失敗するのを受け入れるはずはなかった）、いずれにせよそれを阻止するために即刻行動せねばならないことだけは明らかだった。

私たちの主要な目的、すなわち取り返しのつかない事態を避けるという目的のためには、私はこの問題を国会で提起し、国会の多数派の枠内で、なるべく広範な土台の上で行動することが欠かせないと考えた。国会における政府の難しい立場を、また多数派による政府への支持の低下を、そしてそうした新たな状況を考慮に入れねばならないことを政府に感じさせるためには、国会内での行動という性質を維持することが必要であると私には思われた。政府としても、政府への国民の支持が十分強固なものと言えず、また国家機構そのものも強硬な姿勢で統治をおこなうだけの力を備えていないからには、明らかに人気のないこの問題について、国家元首への信頼がおおっぴらに疑問に付されるような事態は避けねばならなかった。踏み出した道に固執し、ユダヤ人への新たな措置を維持し続ければ、この措置がとくにブルガリアの知識人たちから忌避されている状況下では、政府自体が孤立する結果を招きかねなかった。私が考えたのは、国会の行動は国会の多数派によってリードされねばならず、その行動の目的は完全に限定的なもの、すなわちブルガリアのユダヤ人の強制収容所送りの回避に限定されたものでなければならないということだった。多数派がこの問題について行動しなければ、多数派は憲法違反という重大な国家犯罪の共犯になってしまうだけでなく、それ以上の、通常の重罪とされる何万人規模の大量殺害の共犯となってしまうだろう。そんなことで、わが国の政治を穢《けが》してはならなかった。

他方、私たちの行動が状況を深刻にしているという印象を持たれてはならなかった。政治危機を引き起こしたり、国内の政治情勢や国際的な政治情勢を悪化させたりしてはならなかった。また同様に、複数の大臣候補者の野心を満足させる目的で政府内に危機を引き起こそうとしているという疑念を持たれてもならなかった。実際、これまでも、政府の数々の措置に対する真面目で善良な私たちの批判を毀損するために、かなり悪意に満ちた議論が政府側からしばしば持ち出されてきた。今回の場合、そのような印象を持たれてはならなかった。そんな印象を持たれれば、高貴な目的に最短かつ確実に到達することだけを目指して始められた私たちの道義的・政治的行動の基礎は傷つけられ、その行動への信用は失われていただろう。

要するに、私は、しっかりした結果を得るには国会の多数派を基礎にして行動を起こさねばならないと考えていた。その多数派は現行の政治体制も、内政および対外政策の一般的原則も否定しておらず、さらには政府に対する全般的信任も否定していないが、たったひとつの主題についてだけは政府に同意できないという姿勢を一致して打ち出す必要があった。すなわち、ブルガリア国民を強制収容所送りにすること、彼らを待つ運命がどのようなものかを知りながら彼らを外国に引き渡すこと、このことにだけは決して同意できないという意志を一致して示す必要があった。私はこうした形の行動だけが、国会の多数派内部において好意的に受け取られ、願われていた結果に到達するために必要とされる力を多数の代議士たちの賛同によって得られるものと確信していた。もしこの行動にさらに大きな枠組みを与えれば、政治危機を引き起こし、国家の大方針に混乱を招いていただろう。そもそも多数派内部では、ユダヤ人問題以外の点ではその大方針によって良い結果が数々得られるはずだと期待されていただけに、その大方針が混乱し政治的危機が引き起こされようものなら、大きな国家目的や国家自体の失敗によってその責任が自分たちに降りかかると考える何人かの代議士たちは困惑し、私たちの行動への支持を取り消してしまうかもしれなかった。これが、「もしあなたが適当と考えるなら自分もその請願に署名しよう」と私に言ってきた政府反対派の代議士ペトコ・スタイノフの申し出に私が返事をしなかった理由である。

当時の多数派のスローガンは次のようなものだった。「国民の信任を得た後には、国家の大方針を当然支持せねばならず、その大方針の名において団結せねばならない。それが成功のためのただひとつの方法なのだ。」こうした立場に異議を唱えたり、また主要政策の成功に寄与するどころかそれに不支持を表明したり、つまり国家の大方針を取り返しのつかない形で傷つけるようないかなる要素を交えることも、当面は避けねばならなかった。ところで、国会内での行動自体は、こうした状況下にあっても国会の役割とその重要性を高めることができたし、未来においても国の政治の通常の流れをそれほど妨げずにブルガリアの名誉と威光を守り、国の政治にとって有益な要素となる可能性がないわけではなかった。だから、私が取るような立場なら多数派内部において支持を得ることは可能だったのだが、もし、より広範な目的を掲げ、より広範な枠組みで大がかりな行動を取っていたなら、多数派内部から歓迎されることはなかったろうし、彼らから積極的支持を得られることもなかったろう。そうした行動を取れば、政府にたいした努力もさせずに、私の考えは道義的な面でも失敗に終わる恐れがあった。私たちの行動を支持する代議士たちの態度を一致させる考えは、ブルガリア国民の外国への引き渡しを妨げねばならないということであったが、だからといってそうした考えが政府への信任を疑問に付すようなものであってはならなかった。政府自体は、ブルガリア国民の収容所送りを自分たちがやったことだと一度も認めておらず、最近の措置が自分たちの同意と責任のもとでなされたとも一度も認めていなかっただけに、ますますそのようにせねばならなかった。それゆえに、私たちの行動を支持する代議士たちも、その行動が直接政府に関係するものではないと考えることができ、そのことが政府に異議を唱えることを望まない代議士たちを安心させたのである。

このように問題を整理した後に、私は首相に宛てた請願を執筆した[22]〔一九四三年三月一五日ころ〕。私はその請願書に署名した後、国会内でそれを多数派の他の代議士たちに回し、賛同者も署名できるようにした〔同年三月一七日〕。これは通常国会が開会される前の午後になされたので、すべての代議士がこの動きをただちに知ることとなり、続いて大きな動揺が起きた。ひとによっては、請願に込められた意味とは違った意味、すなわちセンセーショナルな性格を見て取りもしたが、これに署名しようと望む代議士たちもかなり多かった。このとき私は、この行動はあくまで多数派の枠内でおこなわれているという事実を強調した。多数派の構成員ではないアレクサンダル・ツァンコフとトドル・コジュカロフの署名だけは受け入れたが、それは彼らがぜひとも請願に署名したいと望んだからである。実際、このふたりの代議士は政府の対ドイツ政策を支持していたので、私たちの国会内での行動は反ドイツ的なものと見なされずに済んだ[23]。私は何人かの代議士が請願に署名してほっとしているのを確認した。これから起きつつあることに彼らがどれほど困惑し同意できずに自分たちの責任を意識していたかが、そこから感じ取れた。私はブレズニク〔ソフィアから西方五〇キロの町〕選出の代議士、A・シモフが署名したときの彼の言葉を憶えている。「これでブルガリアの名誉は救われた。」こうした言葉は間違いなく、予測もできず普通なら起こりえない状況を是認しきれないでいた幾人もの人々の感情と確信を表していた。

こうした行動がなされているなかで、今やその成功が期待できるようになったと判断した私は、この請願を国会議長であるクリスト・カルフォフに知らせることにした。そうすることが、この行動が彼の知らないあいだになされた陰謀と思われぬようにするためには正しいことであり、誠実でもあると考えたのだ。私は署名前の請願書の写しを一部手に取り、カルフォフのオフィスに赴き、自分たちの行動、動機、目的を知らせた〔同年三月一八日〕。彼は一切反論せず、何ら指摘することもなく請願書を読んだ。そして彼との面会を終えて彼のオフィスを出ると、そこから遠ざかる暇もないうちに、私は彼がその請願書を手に首相のオフィスがある翼のほうへと向かうのを見た。私が自分のオフィスに戻ると、そこはできごとについて語り合う代議士たちでいっぱいだった。その光景は、国会を支配していた動揺を表していた。まもなく国会議長が私を彼のオフィスに呼んだ。私は即座に再びそこに向かった。彼が私に伝えたのは、請願書を首相に見せると、首相はその請願書の正式な送致については次の多数派の集会まで待つよう、そして集会においてはすべての説明が書面で提出されるよう私に要求していることだった。

私は何も答えずに国会議長のオフィスを出て、首相の要求の意味、その要求を満足させなければどんな結果になるのかについてじっくり考えてみようと思った。だがいずれにせよ、私は署名集めを止めなかったし、すでに多くの署名が獲得され、今後も増えていくように思われた。私がまず考えたのは、署名希望者全員が署名するにはあと二日は必要だということだった。しかし首相がなぜ請願書の送致を遅らせろと言ったのか、その隠された意図に疑問を持った。それはすでに署名をした代議士たち、これから署名しようと考えている代議士たち、さらに署名はしないがその趣旨には賛同している代議士たちに対して、圧力をかけ、私の行動を失敗に終わらせるための時間稼ぎではなかろうか。私は、首相が私たちに制度的圧力を加え、この行動が広く知られるのを回避したいのではないかという疑問を捨てきれな

22　本書一一一頁以下に収録されている。

23　このふたりの代議士は、「右派」の政府反対派に属しており、ドイツ支持派であった〔本書一二七頁注19も参照〕。

かった。これが広く知れ渡れば、政府にとっては望ましからざる、しかし請願書が追求している目的にとっては有益な結果が生じるはずだった。政府の苛立ちが大きいこと、彼らが困っていることは明らかに見て取れた。というのも、動揺が広がっているときに、ベッドに釘付けになっていると言われていた内務大臣ガブロフスキが個人的に私に電話をかけてきて、すぐに請願書の写しを自分宛に送るよう要求してきたからだ。私はそれを内務大臣に送付した。

行動を続けることが必要だと、そしてそうすることが追求している目的のためには有益であると確信した私は、首相の意志を無視し、翌日〔一九四三年三月一九日〕の朝にも四二人の署名を添えた請願書を首相に送致することを決めた。他の署名を諦めるのは仕方がなかった。そのために、私は何人かの代議士の不興を買うことになりそうだった。気が急くあまり、私が彼らから署名の機会を奪ったのを彼らは残念に思っていた。私が請願書の送致を急ぐ気持ちにならなければ、なお数名の署名が得られていたことは確かだろう。翌日の午前中に、私は請願書を首相と外務大臣宛に送付した。その後私は、首相がどれほど、この請願書の内容に、また私が彼の要求を無視したことに、苛立ったかを知った。彼はその後数日間、苛立ちを押さえられず、ついには怒りを爆発させたが、その怒りは同時にフラストレーションと腹いせの意志を表していた。

こうして数日が経過したが、私には楽屋裏で何が起きつつあるのかまったくわからなかった。どんな情報も外部には漏れてこなかった。得られた情報によれば、この問題は閣議で議論され、首相はそこで、国会の多数派による行動に対して断固たる措置を取るという意志を、横柄な口調で表明したらしい。三月二三日〔トドロフの記述（本書六〇頁）及びフィロフの日記（本書一二四頁）では「三月二四日」〕に多数派内部での集会が召集され、そこには内閣の大臣全員と多数派に属するほとんどの代議士が参加した。のっけから重苦しい雰囲気が感じられた。首相の陰鬱な様子は、耐えがたく不愉快な集会になるだろうと予想させた。この集会の議事録が残っていないのを残念に思うしかない。多数派の代議士たちは、しっかり組織化されているわけではなかった。したがって、その集会の召集が必要で適当だと判断するのは政府自身であり、首相の名においてそうしていた。通常、集会の司会をするのは首相に指名された代議士であったが、その日の集会では首相自身が開会宣言をおこない、彼自身が四三人によって署名された請願書を受け取ったことを伝え、さらに彼自身がその請願書の全文を朗読した。続いて彼は集会出席者に、彼が国会議長を通じて私に事前に示唆していた内容を知らしめようとした。すなわち、請願書の首相宛の送致は、問題になっていることを討議にかけるため多数派の集会を召集した後にせよと要求したという内容である。首相の断言によれば、国会議長は私がこの要求に同意したと言ったということだった。ところがこの約束にもかかわらず、請願書が送致された。こうしたすべてのことが、隠しようもない非難と不満を示す口調で述べられた。私は首相の発言を最後まで注意深く黙って聞いた。首相の発言のすべてが、その内容も口調も含めて、私を標的としていたからだ。首相の発言内容について、真実を取り違えられないよう、私がことさら述べねばならなかったのは、私が請願書の送致を多数派の集会の召集まで待つと約束したとする首相の主張は、事実とは違うということだった。私は断固として、そんな約束はしなかったと主張した。国会議長のオフィスで議長と私が話した内容を議長がどのように首相に伝えたかは知らないが、真実は私がここに述べた通りである。

首相の言葉には集会召集の目的が明瞭に現れていた。彼が強調したのは、請願書に表明されている立場は政府に対して多数派が示すべき規律の問題を提起しているということ、またそうした立場は政府の権威にとって好ましからざる影響を持つということ、そして多数派のそれぞれが十全に自分の責任を果たすよう、政府との関係を明瞭なものにせねばならないということだった。首相の言葉から窺われたのは、その語自体を彼が用いたわけではないが、彼がこのたびの行動を「反乱」と解釈していることだった。脅迫するような彼の口調は強い印象を与え、何人かの代議士は何か不愉快なことが起こりそうだと考え困惑した。政府の側には、送られた請願書に盛られた内容に対していかなる立場も表明するつもりがないこと、その請願の意味についていかなる議論も始めるつもりがないことは明らかだった。だが、政府がなぜそれを拒否するのか、その理由を知ることはできなかった。実際、集会全体を通じて、具体的な諸問題、すなわち請願書のなかで述べていることがらについてはまったく触れられなかった。まるでそうした問題は存在しないかのようだった。したがって、集会で話されていたのは、なぜ何人かの代議士が、政府との関係を悪化させるような行動に参画して規律を破るに至ったのか、また何ゆえに彼らが、多数派の集会が召集されるまで請願書の送致を見合わせるよう要求した首相の忠告を考慮に入れなかったのか、ということに限られた。

こうして、すべては「代議士が大臣に対して要求をおこなう権利」「代議士が統治の様態や国の高度な利害に関わる政府の行動に対して意見を表明する権利」についての検討にすり替えられていた。そして今回の行動の責任もやはり代議士たちにあるとされた。理由は、誰もが認めるように、多数派の代議士たちは政府を支持し、政府への信任を表明していたのに、それに反する行動を取ったからだというものだった。しかし、大臣に要求をおこなう権利は代議士の本分であり、私としては、そうした権利の行使を自分の意志で制限するつもりはなかったし、この点に関して譲歩するつもりもなかった。

政府の考えはそれとは異なっていたらしい。この状況を利用して、政府は代議士たちに政府が企てていることを受け入れさせようとしているような印象を与えた。実際、多数派の代議士たちは、自分を支えてくれる政党や政治組織といった母体を持たず、政府の恩恵によって選出されていたし、今回のようなできごとを宿命的なものと考え、自分たちには、国内外において政府の力と権威を確かなものにするべく政府をしっかりと支持する義務があると考えていた。そうであれば、彼らが政府との関係を悪化させないように、また政府の活動を妨げないように、自身の権利を自ら制限することもあるかもしれなかった。もちろん、代議士がその成功を望んでいる政府の政策について政府自身が重大な結果をもたらすような過誤を犯した場合、こうした反応はまったく誤っている。政府の政策について責任を引き受ける準備があるのなら、代議士は自分の考えをはっきりと述べねばならない。代議士たちが実際におこなったのはこちらのほうだった。経過を見ればよくわかるように、請願書はブルガリアの現在、未来の政策にとって極めて重大な結果をもたらすと予測させるいくつかの理由を説明していたからだ。ところが政府は、そこでなされた主張や判断、またそれらの主張や判断を引き起こした現実の状況について議論もせずに、請願書の送致という行動それ自体や、その行動の性質、その行動の実行のされ方、政府に対して多数派が取るべき態度についてのみ議論しようと望んだ。ユダヤ人に対して取られた新たな措置の問題はこうして脇によけられた。このような措置がなされるに至った理由についても、今後どのようなことがなされようとしているかについても、話し合われることはなかったのである。結局、集会では、請願書が作成され送致されたという行動のみが非難の対象とされた。そして政府はその行動を、多数派による政府への全般的な政治的信任に反する行動だと宣言したのである。

もちろん、私自身も発言し、首相に答えた。私は、私がその行動の発意者であり、私が個人的にその請願書を書き、私がその請願書に責任を負う（責任ということについて語りうる限りにおいて）と発言した。というのも、私の考えでは、私が取った行動のすべては、一方では、政府とその全般的な政治の問題に対する自分の意見表明のあり方に関わり、他方では、自分が誤っていると考える政府の行為を予防し、最後に自分の責任と、政府に対する自分の信任を自ら定めるというあらゆる議員が当然持つべき権利に関わるものだったからである。それは議員の権利であるのみならず、議員の義務でもあった。この一件ではそうした義務が果たされたのである。公開された請願書の文面、とくにその請願書を出した理由を述べた導入部分が明瞭に示していたのは、誰も全般的な政治的危機を引き起こそうなどとは意図しておらず、また政府の全般的な政治に言及しようなどとも意図していないことだったが、偏向した悪意の解釈は、請願書がそうした意図のもとに提出されたと主張していた。そのように解釈すれば、それ自体は純粋な、その請願がわざわざ強調していた特定の政治的・人間的目的しか実際には追求していない行動を、かくもたやすく毀損できると考えたのである。私が請願書でもうひとつ強調したのは、その請願書に署名した代議士たちの見解である。つまり、「新たに取られた例外的な、そのうえ残酷な、大量殺人という非難をも招き寄せかねない措置」が取られれば、「もはや誰もその責任を分かち持つことは不可能」だということである。なぜなら、そうした措置に訴えても、まったく何の役にも立たないことを私たちは確信していたからである。私は自分がしたこのときの説明で、この請願書が標的とするのは政府の全般的な政治ではないと強調していた。実際、その全般的な政治の実行については、それが話題にされていたときのままの状態で私たちが是認していたものであり、私たちはそれに協力していた。私たちが問題にしていたのは、そうした全般的な政治ではなく、わが国の国民全体の問題、ブルガリア国民の統合に関わる国家政策だったのである。

私がしたこのような説明の後、私がすっかり気落ちしていたときに、首相は乱暴な圧力をかけ、全員が次の設問に個人として答えるよう要求してきた。四三人の代議士が署名した請願書の送致を是認するか、それとも政府の全般的な政治を支持するか、多数派の代議士それぞれが自分の立場を明瞭にするよう要求してきたのである。こうすることによって、この請願書に署名した代議士がそれを撤回するか否かをテストすることができた。後になって、私は彼らの何人かがこの集会に先立って呼び出され、署名を維持するか否かと詰問されていたことを知った。撤回しないと答えた者もいたし、すでにこの時点で撤回していた者もいた。私は誰がどうしたか知らない。それがここで誰の名前もあげていない理由である。そもそもそんなことをしても空しいし、何の利益もない。とくに、その後に続いて起きたことを考えれば、なおさらそうなのだ。[24] 投票がおこなわれた。それは不愉快な手続きであり、一種の異端審問であり、重苦しい雰囲気を支配させるもので、意見と確信を自由に表明しうるにはほど遠い乱暴な圧力だった。ひとりずつ代議士が呼び出され、皆の前に立って賛否を述べねばならなかった。そのあいだ、首相は鉛筆を手にして記録を取っていた。私はいまだかつてこのような情景を目にしたことがない。それ

24　ペシェフがここで仄めかしているのは、請願書への何人かの署名者を襲ったその後の悲劇的な運命である。彼らの何人かは一九四四年の人民裁判で有罪を言い渡され、翌年処刑された〔本書三〇頁及び一二七頁注19〕。

は代議士の権威とは両立しえないものであり、不実なものであり、乱暴なものであり、そのことが私を不安にした。私個人はと言えば、自分がした説明ですでに断言していたように、自分が書いた請願を最後まで撤回しなかった。だがまた同時に、私は自分が政府の全般的な政治を否定しているとも、政府への支持を撤回しているとも匂わすことはなかった。

　投票の結果はたしかに首相にとって満足すべきものだった。こうした状況下で、請願書に署名した四三人のうち三〇人だけがその署名を維持し、その請願書を送致した行動への非難を認めなかった。そして誰ひとりとして政府の全般的な政治に反対を表明する者はいなかった。それは私にとっての敗北であり、首相にとっての勝利を意味していた。私にはなぜだかわからないが、それまで首相は自分が侮辱されたと言い張っていたが、そんなことはなかった。彼は今ではあからさまに勝ち誇っていた。彼は自分を勝利者と見なし、自分が用いたやり方についてはほとんど気にもかけていなかった。そのやり方は国会にとって侮辱的なものであり、彼が占めていた「憲政国家の首相の座」にはふさわしからざるものであり、代議士の任務とは両立しえないものだった。自分が心穏やかだったとは言えない。私は代議士としての自分の特権が侵害されたと感じており、即座に部屋を出ることにした。私が立ち上がったとき、何人かの代議士が頭を垂れていたが、そのとき起こりつつあること、その後に起こりうることの真の意味を察知していたその部屋の沈黙は、私にフランス語で呼びかける首相の勝ち誇った声で乱された。「おまえさんがこれを欲したんだよ、ジョルジュ・ダンダン。」[25] それはフランスの作家の有名な文で、その作家名は憶えていないが、よく引用されるものだった。この不作法な言葉を言うことで、首相は自分の才気を示したつもりだったが、実は自分が晴らしたい恨みをぶちまけているに過ぎなかった。

こうしたことすべての意味、理由について後になってじっくり考えてみると、代議士たちに加えられた強い圧力・乱暴さと代議士たちの行動（その形式にまったく誤りがなく、その内容も国会の精神に合致していた行動）とのあいだに見られる不均衡に、私は改めて強い印象を受けた。

また、集会のあいだじゅう代議士たちがずっと保っていた平静さにも、そして議論や無用な対立を避けようとする彼らの配慮にも強い印象を受けた。こうした平静さ、配慮が生まれたことのもっともわかりやすい説明は、首相が私たちの行動のうちに、彼の考えていたような多数派と政府との関係にとっての危機を見て、この私たちの行動に、実際はそれが持っていなかった意図を押しつけようとしたから、というものだった。首相は、国会による監視が自由におこなわれるという事態に、乱暴で受け入れがたい仕方で、これを限りにけりをつけたかったのだ。国会による監視という考えは彼には耐えがたいものであり、そんな状態に忍従したいとは思わなかった。首相は国会の多数派を、いわば政府の命令に従順に従う道具に変えようと望んでいた。

だから私は集会の場を去った。集会自体は私がいなくなった後も続けられた。自分が部屋を去った後何が起きたかは知らない。そしてその後も、そこで何が話し合われ、何が決められたかに関心を持ったことはない。首相の態度、彼の隠しきれない怨恨、彼が発した嘲弄から私がそのとき理解したのは、そのような攻撃がそこで収まるはずはなく、次には私を国会副議長の職から罷免させるだろうということだった。代議士としての自らの特権を守る術《すべ》を知らなかった代議士たち、そして圧力に屈し、議会主義

25　モリエール〔本書一二五頁注18を参照〕。

の諸原理を犠牲にした代議士たちの一貫性のなさ、従順さ、日和見主義にすっかり失望した精神状態にあった私は、シメオン・ラデフ通りで、外交官であり、作家・歴史家として知られるある人物にたまたま出会った。彼のほうが私を呼び止め、噂になっているユダヤ人問題について何が起きつつあるのかと尋ねてきた。私は手短に多数派の集会で起きたこと、そこでの代議士たちの振る舞い、その結果私に降りかかろうとしていること――すなわち私が国会副議長として解任決議の対象となること――を彼に語った。彼は私の話を注意深く聞き、別れ際に、ブルガリアは最近の歴史においてふたつ間違いを犯したと言った。最初の間違いは、一九一三年六月一六日のもので、第二次バルカン戦争の際に、わが国がそれまでの同盟国に対しておこなった攻撃の日である。[26]そして二番目の誤りは、今日のもので、どのようなやり方でユダヤ人問題に決着を付けようとしているかに関わる。それまでまったく思ってもみなかったこの比較に私はひどく驚いた。私がこの瞠目すべき歴史家の意見に言及するのは、現在と過去のできごとについていつか関心を持ち、そこから結論を引き出したいと望む人々なら誰であっても、この人物の意見を考慮に入れて欲しいと思うからだ。私自身がここで結論を引き出すことは控えておこう。

その適用が目指されていたユダヤ人への新たな措置をめぐる歴史のこの段階はこうして幕を閉じた。そこから結論を引き出すにはまだ早すぎたが、それでもいくらかの予測はできた。国会で起きたすべてのできごと、またユダヤ人に対する新たな措置への、とりわけブルガリアのユダヤ人の強制収容所送りへの世論のあからさまな反対行動の後では、政府はそのような措置に踏み切ることを断念するだろう。私は非難決議を被り、怨恨を含む態度にもさらされたが、私が書いた請願書は政府にそうした措置を断念させることこそを目指していた。他方、おそらく首相らにとって、国会の多数派の集会で彼らが提起したことのすべては、私の請願が勧めたまさにその通りに彼らが行動せざるをえず、その請願に異議を示すことができないがゆえに、その請願に屈服せざるえない怒りを隠すことを目的としていた。集会の不愉快な情景、首相らが示した道義に反する暴力性は、おそらくそれ以外に行動のしようがないという政府の無力、傷つけられた政府の自尊心、妨げられた政府の野心を示すものだった。というのも、そのように行動しなければ、自分たちが犯してしまった、しかも他人にも知られてしまった誤りを政府自らが告白せねばならなかっただろうからだ。それまでつねに自信に溢れ、自ら後退せねばならないような反対にぶつかったことなど一度もない人間たちにとってそれはたやすいことではなかった。彼らが望んだのはおそらく、自分たちの後退を、派手で騒々しい演出によって隠すことだった。その演出の過程で彼らは多数派の代議士すべてに、あるいは数人に、罪人または改悛者の役割を割り振ったのだ。実際、これほど重要な問題について過ちを犯した当の政府にとって、それを告白することはたやすかったはずがない。だからこそ、多数派の集会のおりに、ああした演出がなされたのだ。だが、道義に反する暴力性を発揮して得られた「勝利」が、過ちの行為を理に適《かな》った正しい行為に導くことは決してない。したがって、政府は多数派の集まりにおける「勝利者」とは見なされえない。たしかに政府は集会での投票によって、請願書に署名した代議士たちの行為を受け入れられないもの、是認できないものとして認めさせることには成功した。だが、政府への信任、私への非難決議の投票の後にも、政府が一度として新

26　一九一三年第二次バルカン戦争の際、ブルガリアは第一次大戦時の同盟国だったセルビア、ギリシャを攻撃した。敗北したブルガリアは、マケドニア、西トラキア、南ドブルジャを割譲せねばならなかった〔本書一五頁注2も参照〕。

しい措置に踏み出せなかったことは、政府がこの「勝利」を利用できなかったことを証明している。あの集会での政府の目的、あの集会で政府が用いた方法の目的が別のところにあるとすれば、それはこれ以後代議士たちから、国会による監視という意志を奪ってしまうこと以外の何ものでもなかったのではないか。

この件をめぐるできごとの展開で残されていたのは、最後のひと幕だけだった。それはこの国会で私の活動がもたらした結果を無効にすることだった。多数派での集会の全過程を通じて、首相は国会による監視という議員活動の自由な現れに対して反民主主義的な考え方を示し、怨恨、乱暴さを露わにしてきた。その首相が私を国会副議長のままにしておくはずはなかった。だから彼は、私に辞任するよう示唆してきた。とくに、政府の強引なやり方が国民に知られ、国民がこの問題について政府と意見をともにしていないとわかった後は、こんな仕方で問題解決を図り、困難を切り抜けたいと政府は望んでいた。辞表を出すよう説得しに私のところへ遣わされてきたのは司法大臣のK・パルトフ博士だった。彼は自宅まで私に会いにきて、私が進んで辞表を出し、私に降りかかるこれ以上の面倒を自ら回避し、興奮した人々を鎮め、不愉快なできごとに終止符を打つようにと強く勧めた。私が確信していたのは、私と長らく友情で結ばれ、私のよく知るパルトフが、内心では政府のこうしたやり方を是認していなかったことだ。だがもちろん、彼はそんなことを私の前で言いはしなかった。私とパルトフは互いをよく知っていたし、長いこと共に働いてきた。私は彼を尊敬していた。争いを収めるこの任務のために彼が遣わされてきたのは、まさにそれが理由だった。しかし、私がパルトフに抱く感情がどのようなものであれ、私は彼にはっきりと、彼の提案は受け入れられないと言明した。その後彼が再び会いにきたときも同じ答えをした。私たちの会見はすべて彼のほうから申し出てきたものであり、私の自宅でおこなわれた。「大きな誤りを避けるため」という深い確信をもって始めた自分の行為にこんな形で終止符を打つことは受け入れがたい――考えれば考えるほど、私はそう強く思うようになった。その誤りは、国に、国の政治に、そして国内外における国の名誉に等しく重要な結果をもたらすものだったし、乱暴な形で憲法に違反し何万もの人々の命を奪うかもしれないものだった。私は国の利害の名において、そして国の名誉と人類の名において、自分の代議士としての義務を果たしたという揺るぎのない確信を持っていた。ところが私に要求されていたのは、私の降伏、過ちの告白、つまり自己批判をするまでに自分の尊厳を貶めよということだった。もし私が辞表を出していたなら、それは一方では、国会による監視に訴える権利をめぐり何人かの代議士の良心に加えられた道義に反する圧力が以後もずっと正当化されることになっていただろうし、他方では、以後もずっと国会が侮辱され、政府に屈従し続けることになっていただろう。そのうえ、その許しがたい振る舞いによって陥った窮地から政府がたやすく抜け出すことになっていただろうし、さらには、その辞表が一種の自己批判、改悛と見なされ、自らの国会での活動の道義的意味が否定され、それまでなしてきた自らのあらゆる行為に影を投げかけることになっていただろう。私にはそんなことなどまったく認められなかった。だから、私はパルトフから提案されたことのすべてを最終的にきっぱり断ることにした。私はパルトフ大臣に、政府が国会で有している与党の議席をもってしてすれば、私に対する解任決議を可決させるのは難しくないだろうと言った。それが、私に受け入れられる唯一の結末だった。私にとってそれ以外の結末はいかなるものであれ、ブルガリア国民の前に私の立場を危うくするものであり、高貴な目的や高貴な原理のために闘う確信に満ちた人間としての私を見せるどころか、私を出世主義と日和見主義に動かされる人間、困難に遭えば自分の行為の結果を引き受けずに精神的圧力に屈する人間に貶めていただろう。

こうして、国会副議長の職を辞するよう私を説得する試みは終わった。そして三月二五日、多数派に属する代議士、アタナス・ポポフ博士が国会にひとつの提案書を提出した。この提案書で彼が述べていたのは、「代議士ディミタール・ペシェフはもはや多数派からの信任を失っています。したがって私は彼の交代に関する提案を審議日程に載せるように貴職〔国会議長〕に求めます」ということだった。書面で提出された提案内容はそれだけで、他には何の文言もなかった。それは私が予想していた論理的帰結であったので、驚かなかった。この提案をするために選ばれた人物の選択にも驚きはなかったし、この提案が四一人の代議士の賛成を得たことにも驚かなかった。そしてその通り、提案は一九四三年三月三〇日の審議日程に載せられた。すなわち可能な限り早くということだった。私は冷静さを保とうと努め、適切な弁明をもってその場に臨もうと心がけた。もっとも、あらかじめその提案が何の審議もなしに大急ぎで採決されようとしていることを私はよく知っていた。その理由は明瞭だった。ユダヤ人に対する新たな措置、国会の機能に対する政府の高圧的な態度といった政府にとっての不愉快な問題に、耳目が集まらないようにしたかったのだ。たしかに政府は、こうした不愉快な問題が公衆の面前で議論され、しかもその思想が広く知られている活動的な反対派、才能ある雄弁家によって精力的に議論されることを望まなかっただろう。政府、とくにその長がそうした事態を望まなかったことはよく理解できる。だが、私にわからなかったのは、国会の威光、権利、役割を救うはずの国会議長までがそうしたやり方を受け入れ、国会の運営規則を破る危険さえ冒そうとしていることだった。言い換えれば、それは、代議士の特権についての、また国会で審議される問題のあらゆる点に関する代議士の判断の自由についての、規則の順守を監視するはずの者による規則への違反だった。この特権と自由なしには国会はその意味全体を失うはずだった。だから国会議長はそのような振る舞いをしてはならなかった。

一九四三年三月三〇日、Ａ・ポポフの提案は国会の審議日程にあげられた。その日の審議を宰領していたのは国会議長のクリスト・カルフォフであり、すべての大臣が席についていた。議長がＡ・ポポフの提案の検討に入ることを告げると、この提案は審議もなしにすぐにも投票にかけられそうになった。そのため、私はまずこの件について、すなわちなぜ審議を拒否するのかという点について発言しようとした。しかし議長は私の発言を認めず、審議を続けることもなく、審議の省略を認めさせるための投票をおこなわせた。私は議長席の足もとに立って、ほとんど叫ぶようにして、規則へのこの明らかな侵犯に対して抗議したが無駄だった。しかも規則へのこの侵犯は、代議士（国会の議長団のひとり〔国会副議長としてのペシエフ〕）への解任決議がなされようとしているときに、その本人からの意見表明という基本的権利を剝奪するものだった。その権利は規則によって明確に代議士に認められたものであり、すべての代議士が自分の立場を自由に表明できるとする、もっとも基本的な権利だった。代議士たちは騒ぎ出し、それに続く情景は、国会議長の権威を増すにはほど遠いものだった。その情景は議長の権威を著しく損なうものだった。しかし、議長は眉をひそめることもなく、またそのとき演じていた自分の役割に心を乱されている様子も見せず、国会それ自体にとって屈辱的な役割を演じ続けた。これ以上ないほどの怒りに駆られた私は、議長席の足もとから叫んだ。「昔、この同じ国会で、ある副議長の職務を中断させようという提案がなされたとき、その副議長は幸いなことに自己弁明を許された。それはそのときの議長が立派なひとだったからだ。」私の念頭にあったのは、昔、副議長ニコラ・ザカリエフに対してなされようとしていた解任決議のことで、その審議を宰領していたのはアレクサンダル・マリノフだった。このとき、マリノフはザカリエフに発言を許し、その結果激しい議論がおこなわれたのだが、私の場合、弁明のためのいかなる発言も許されなかった。

こうして、多くの代議士が発言を求めるなか、それが許可されずに生じた騒ぎ、激しい口論、抗議のうちに、議長はA・ポポフの提案に従い、「審議なしに議題の票決をおこなうとするその提案に、好意的な多数決が得られた」と宣言した。その宣言がなされたのは、私に対する解任決議についても「多数決が得られた」と宣言した直後のことだった。こうして、すべては騒ぎと抗議のうちに恥ずべき終焉を迎えた。この解任決議については審議の議事録に記されているはずだが、私は一度もその議事録を見たことがないし、その議事録が国会で起きたことをどのように正確に反映しているか知らない。私はここに、起きたことのすべてを記憶によって、自分が感じた通りに、国会とその議長の威光が持つべきはずだと自分が判断した重要性に従って記述した。まさしく国会議長は、国会議長団の一員である私から、粗野で乱暴な仕方でまず、あらゆる代議士が政府に対して持つ監視の権利と義務に関する問題について、次いで、個人が持つ自己弁明と尊厳の権利に関する問題について、意見表明をおこなう権利を奪ったのである。

嵐が過ぎ去った後に私が確信したのは、あのとき、国民の前で、自分の立場を危うくしたのは国会議長と国会それ自体であり、私個人としては自分の義務を果たせたということである。

問題がこのように明確になった後、ユダヤ人に対する新たな措置の適用が再開されずに済んだことを私は幸いに思った。国会における一連の行動は、そうした措置に反対するためになされたのだ。その新たな措置の実施は、開始されるや否や中断されたのである。楽屋裏でどんなことが起きていたのか私は知らない。だが、望まれていたことが国会での私たちの活動によって起きたという事実を否定することは決してできないだろう。だから私は完全に満足していた。比較すれば、この一件で私が味わった個人的な失望、私が個人的に被った困難などは何ほどのものでもなかった。もしそれが再開され最後まで完遂されていたなら招いたはずの重大な結果を思えば、私の身に起きたことなど取るに足りないものだった。

今日に至るまで、この一件で何がどのように展開されたのか、正確な仕方で示されたことはない。すなわち正確にいつ、いかなる理由で、いかにこの新たな措置の適用が中断されたのかについて、いまだ示されたことはない。それが示されるようになる日が来るのかどうか、私にはわからない。なぜなら、当時の指導者のほとんどはずっと以前に亡くなってしまったからだ。だから、彼らのあいだで何の痕跡も残さず起きていたことについては、知る由もない。わが国の古文書、外国の古文書のなかに何か手がかりが残っているかもしれないが、今のところ私はそれについて何も知らない。これが、この点について当時の国会で私たちの活動が果たした役割を正確に見定めることも、どんな仕方で国会での活動が事件に影響したかも見定めることができない理由である。すでに述べたように、個人的に私が確信しているのは、国会での私たちの活動は事件を動かした重要な要因であったということである。なぜなら、当時の政府にとって、国会と深刻な争いをすることは危険であり、不可能だったからである。私たちが活動を始めて以後、国会におけるそのような動きをすべて不可能にしようとするために、政府は私にあのような手ひどく乱暴な措置を取った。この事実が、私の推測に根拠を与える証拠である。政府が取った措置を彼らが決して説明しようとしなかったのは、間違いなく、その後このできごとの際に見られたように、そうした措置が国会によって監視されることを恐れたからである。最後に、すべては過去のできごととなり、大戦末期になって明らかになったのは、ドイツの影響を受けていたあらゆる国々のうち、その国のユダヤ人が救われ、強制収容所送りという悲劇的な運命を免れえたのは唯一ブルガリアにおいてのみであったことである。このことは広く認められ、それはブルガリアにとって大きな財産と考えられた。そしてこのことは、ブルガリアが自国の政策を有利に進めるための論拠として、とても役立った。それは、ある西側の国に赴任したブルガリアの外交官が一九四四年九月九日〔祖国戦線のクーデタによって新政権が発足した日〕以後に私に告白したことである。彼は実際、外交官としての職を通じてこの論拠を利用した。中断されたユダヤ人に対するその措置が最後まで完遂されていたなら、どんなことになっていたかは想像できる。

ユダヤ人問題をめぐるこの一件が終息した後も、私は、私の解任決議に関わるA・ポポフの提案への投票時になされた恣意的な措置と、非難された当の私に弁明が許されなかったことに対して国会に抗議する機会を探し求めていた。そしてその機会は一九四三年一二月の、国会における予算審議のおりに訪れた。私は国会議長自身が国会の基本的原理を侵犯し代議士の権利を定めた規則を侵犯したことに抗議すべく、この絶好の機会を利用した。私はかなり激しい言葉で議長を非難し、道徳的非難に値する振る舞いをしたのは私ではなく議長のほうであると強調した——彼の振る舞いは結局、国会を侮辱するものだった。そして私は、首相に宛てて書いた例の請願書を冒頭から末尾まで読み上げた。その内容が国会の議事録に残るようにするためである。

これが問題の最終到達地点だった。後は、この問題が、それに関心を持ち、国家のなかで果たす国会の役割を注視する人々によって裁かれるのを待つだけである。

訳者あとがき

本書は二〇一七年に死去したブルガリア出身のフランスの文芸理論家、歴史家、思想史家ツヴェタン・トドロフ Tzvetan Todorov が一九九九年に公刊した著作 *La fragilité du bien : Le sauvetage des juifs bulgares*, Albin Michel の全訳である。トドロフが刊行したと書いたが、この著作はその全体がトドロフの手になるものではなく、トドロフが書いたテキストは本書全体の四分の一ほどに過ぎず、本書が描き出す「ブルガリアにおけるユダヤ人救出」をめぐる資料（当時の記事、日記、その後に書かれた回想など）が残りの四分の三を占めている。

トドロフはその著作の多くが各国語に翻訳されている著述家であり、なかでも日本はその著作の多くを翻訳出版している国だが、本書の翻訳が比較的遅れたのは、トドロフによる執筆部分が前述のように四分の一に留まるという点と、扱われている対象がブルガリアという日本では馴染みの薄い国で起きたできごとに関わるものであるという点が大きかったと思われる。

しかし、トドロフにとっては本書が重要な著作のひとつであったと考えさせる理由がいくつかある。その第一は、この著作が扱っているのが、トドロフの祖国ブルガリアに関わることであり、しかも幼年期とはいえ（彼は一九三九年生まれである）、まさしくトドロフの生きた時代にブルガリアで起きていたできごとだからである。トドロフは二四歳のときにフランスに一年の滞在予定でやってきて、その後フランスに留まることを自らの意志で決め、フランスでフランス語の著述をしながらその人生を送ったが、他方彼は自らが幼年時代から青年時代初期までを送ったブルガリアでの生活を、自分という人間を形成した大きな要素と考えていた。そうした彼にとって、幼年期に自分を取り巻いていた空間のなかで一体どんなことが起きていたのかを正確に知りたいという願望は大きなものだっただろう。

第二に、本書で扱われているのが、二十世紀をそれまでの歴史のなかで類例のないものにしているナチスドイツの民族大虐殺、強制収容に端を発するできごとに関わるからである。トドロフの一九九一年の著作『極限に面して』(邦訳、宇京頼三訳、法政大学出版局、一九九二)は、強制収容所内での精神生活を主題としている。この著作で彼は、通常、悪の顕現する空間以外のものではありえない、生き残りのための仮借ない闘いの場と思われてきた収容所内の生活においても、収容者間での連帯、お互いへの配慮といった人間性溢れる行為が生き延びていたことを描き出そうとしている。また二〇〇〇年に公刊された『悪の記憶、善の誘惑』(邦訳、大谷尚文訳、法政大学出版局、二〇〇六)では、ナチスドイツの収容所とソビエトロシアの収容所というふたつの収容所での生活を体験し、生還後はこの非人間的制度を糾弾する活動に生涯を費やしたドイツ人女性マルガレーテ・ブーバー＝ノイマン(一九〇一-八九)や、同じくナチスドイツの収容所から生還し、その体験を創作活動の核としたイタリアの作家プリモ・レヴィ(一九一九-八七)、そしてナチスドイツの女性収容所から生還し、収容所生活についての社会科学的な記述を残しながら収容所制度との闘いを続け、アルジェリア戦争の際はフランス-アルジェリア双方の人命を救う活動に取り組んだフランスの民族学者ジェルメーヌ・ティヨン(一九〇七-二〇〇八)を取り上げている。さらに、ナチスドイツの収容所に典型的に体現される二十世紀のさまざまな悪に対抗した人々の人生、しかも自らのうちにわき起こってくる非寛容の念や復讐心といった「悪霊」にも対抗する術《すべ》を知った人々の人生を辿る二〇一五年の著作『屈服しない人々』（邦訳、小野潮訳、新評論、二〇一八）では、前掲『極限に面して』で取り上げたオランダ人のアウシュヴィッツ強制収容所収監者エティ・ヒレスム（一九一四-四三）や、前掲『悪の記憶・善の誘惑』で取り上げたジェルメーヌ・ティヨンの闘いを再び取り上げてもいる。このようにナチスドイツの強制収容所の問題は、トドロフの一貫した関心の対象であり続けてきた。フランスのジャーナリスト、カトリーヌ・ポルトヴァンが企画し、二〇〇二年に刊行された、インタビュー形式によるトドロフの精神的自伝とも言うべき『越境者の思想』（原題『義務と悦楽』邦訳、小野潮訳、法政大学出版局、二〇〇六）では、フランスに移住する前に訪れた国外旅行先のひとつがポーランドであり、このときアウシュヴィッツを訪れたこと、すでにその時点でそこを「何か人類にとって本質的なことが起きた」場所と考えていたことが述べられている。

第三は、「善悪二元論」の拒否というトドロフの一貫した姿勢に関係することである。前掲『越境者の思想』でトドロフは次のように述べている。「私の興味を引くのは、善と悪が予想がつくような形では配分されていない、そこでは善の中に悪が見出されるような、また善が悪を、あるいは悪が善を呼び寄せるようなケースです。はっきりとした諸状況、一枚岩的な状況は何も教えてくれません。そうした状況を見ても、人間の行為の秘密に入っていけるような気がしないのです。」本書『善のはかなさ』が取り上げる重要人物、ディミタール・ペシェフ（一八九四-一九七三）は、政府が枢軸国（ナチスドイツ）寄りの姿勢を取っている当時のブルガリアにおいて、立法機関である国会の多数派、すなわち政府支持派の国会議員であり、国会副議長という要職も占めていた。要するに、ナチスドイツあるいはそれに与する勢力を絶対的悪と見なし、その先を見ることを拒否するような今も頻繁に見られがちな立場からすれば、ペシェフという人物は「悪に与する者」として顧みられず歴史から取り除かれても不思議がない人物である。しかし、トドロフはそうではなく、決定的な状況下でペシェフが取った行動が、いかなる動機のもとで、いかになされ、それがいかなる効果を持ちえたのかを見極めようと努力する。この姿勢は、トドロフが一九九四年に公刊した『フランスの悲劇』（邦訳、大谷尚文訳、法政大学出版局、一九九八）において示した姿勢と共通するものである。そこでは、ナチスドイツの傀儡政府と見なされることの多いフランスのヴィシー政府に任命された町長でありながら、体制側に連行されたレジスタンス側の捕虜と、レジスタンス側に連行された体制側の捕虜の双方の人命救助に奔走したルネ・サドランの行為が取り上げられている。こうした事例を示すことによってトドロフは、「自分が善の側にいる」という確信が他者を一方的に断罪させるという、人間の判断が抱きがちな近視眼を戒め、局面ごとの文脈を考慮に入れた、ニュアンスに富むものの見方を励まそうとしている。

第四は、この第三の点とも密接につながっているが、「真理を保持した説教者」として自ら振る舞うことを好まないトドロフのもうひとつの一貫した姿勢に関係する。トドロフが自分のものとして要求するのは、「真理の保持者」としての資格ではなく、「真実を追求する」権利である。そして同時に彼が望むのは、読者にもそうした姿勢を共有してもらうことである。自分が利用した資料をできるだけ生《なま》のまま読者に提供し、読者もその資料を自分の眼で眺め、そこから浮かび上がる人物たちのそれぞれの視点やその人物についてのトドロフの見方を知ることで、読者自身に自分なりの判断基準を形成して欲しいと願うのである。トドロフのこうした考え方が本書のスタイルを生んだと考えられる。トドロフのこのような著述スタイルは、ブルガリア国内の強制収容所収監者の証言を集めた一九九二年公刊の『人民の名の下に——共産主義下の強制収容所についての証言』（未邦訳）や、前掲『フランスの悲劇』でも採用されている。

本書で語られるのは、第二次大戦において枢軸国側に付き、その政治においてもナチスドイツの強い影響圏にあったブルガリアで、どのようにして国内に居住するユダヤ人がナチスの強制収容所に送られずに済んだかのいきさつである。

当時ヨーロッパでは、ナチスに屈した後のフランスを含む多くの国々で反ユダヤ的立法がおこなわれ、ブルガリアもそのひとつであった。一九四一年に公布された「国民保護法」がそれであり、ユダヤ人の生活に制限を加えるこの法律には後にユダヤ人救出の立役者となるペシェフも賛成している。しかし同時に、この法律には当初から作家たち、弁護士連盟、多くの職業団体からの強い反対があったため（これについては、本書に収録された資料が雄弁に語っている）、ブルガリアでは同法施行後もその適用は比較的緩やかなものだった。

事態が急転したのは、第一次大戦の結果としてブルガリアの管轄下に入ったギリシャの西トラキアやマケドニアに居住するユダヤ人がナチス管理下にあったポーランドの強制収容所に移送され始めた一九四三年のことである。貨車での移送は「もともとのブルガリア領」を経由したが、彼らが被る非人間的な扱い、彼らが示す絶望を目にしたブルガリア人たちは、それまで同国人としてほとんど何の問題を起こすことなく自分たちと共住してきたユダヤ人が何ゆえにこうした暴虐にさらされねばならないのかと強い憤りに駆られ、被害者への共感の感情は国会の多数派代議士たちも共有するものとなる。またブルガリア人の多くがその信徒であるブルガリア正教会もこの思いを共有し、移送中止を政府に強く働きかける。

この時点で、状況を動かすのにもっとも効果的な一手を思いつき、それを実行に移したのが当時の国会副議長ペシェフである。彼は国内に住むユダヤ人のポーランド強制送致を中止させるべく首相宛の請願を起草する。内容は、この請願が政府転覆運動などではまったくなく、あくまでユダヤ人強制収容所送致に関わるものであるとしたうえで、ブルガリア人の一部を構成するユダヤ人は間違いなく自分たちと同等のブルガリア人として、また人間として、そのような運命を被るべきではないと訴えるものだった。ペシェフは首相宛の請願を、まさしくその政府を支持する国会の多数派代議士を糾合して提出する。これに対し、首相フィロフはこの行為自体を政府への反逆と見なし反撃を加え、ペシェフを国会多数派の集会で批判し、その結果ペシェフは国会で解任決議を受け副議長職を追われてしまう。しかし、国会多数派内部ではこのユダヤ人強制収容所送致への反対派が力を持ち続け、ブルガリア正教会の姿勢もその送致にまったく好意的ではなく、何よりもブルガリア国民のあいだにこの送致に対する広範な抵抗感が存在していた。そして、この状況を見て取った国権の最高指導者、国王ボリス三世は以後政府が推し進めようとするこの送致政策を是認することなく、ユダヤ人たちは国内の辺境地への居住地指定を受けたのみで、第二次大戦後まで生き延びることを得た。

本書においてトドロフが強調しようとしているのは以下の三点であると思われる。第一に、この抵抗に参加した人々（すなわちペシェフや他の国会議員たち、ブルガリア正教会の主教たち、そして商人スイチュメゾフをはじめとする一般国民）がユダヤ人に対して抱いていた共感は、何らかのイデオロギー的思考からくる共感ではなく、具体的な個々の人間の絶望を目にした際の、「まともな人間」としての人間的共感であったという点である。そのような共感能力を失ってしまえば、そもそもこのような行動を起こすことはありえなかった。

第二に、政府の反ユダヤ的措置に多くの人々が反対の意志を示しながらすぐには実を結ばず、現実としてそれを止める契機を作り出したのが、ペシェフによる請願書の提出だったという点である。これは、善がおこなわれるためには、善がおこなわれるのを望むだけでは十分でなく、時代状況の全体を冷静に見極め、効果的な手段を見出しうる明断さが同時に求められるということを示している。

そして第三に、これがおそらくはトドロフが強調するもっとも重要な点だが、ペシェフの共感能力、状況判断能力をもってしても、国民のあいだに生まれたユダヤ人への広範な共感、ブルガリア正教会の主教たちの憤り、そして必ずしもユダヤ人への共感ではないが国王ボリス三世の冷静な国益的判断といったいくつもの要素が組み合わさらなければ、結局このユダヤ人救出の試みは水泡に帰しただろうということである。

ブルガリアのユダヤ人が置かれていた当時の状況は十分複雑なものである。しかし、翻って考えてみれば、この状況はわれわれが日々置かれている複雑怪奇な状況に比べるなら比較的単純であると言えるかもしれない。現代のわれわれは本書に示されたような極限的な状況を生きているわけではない。しかし、そうであってみればなおさら、善と悪を見分けるのは難しいし、善と悪が置かれている状況を見定めるのも難しい。善と悪を取り巻く現代のそうした状況において、真に人間的な共感を示すべきものに対して共感を覚えることができるか否か、また、なされようとしている悪を見極める冷静な判断をおこないつつ、それを妨げるために適切な行動を取ることができるか否かは、われわれ一人ひとりに問われている課題だと言えるだろう。

本書の翻訳では、とくにその舞台が翻訳者にも馴染みの薄いブルガリアであったことから、思わぬ困難がつきまとった。そうした困難を取り除くのに大きな助けとなってくれたのが、ブルガリア在住で、フランス人を対象とするブルガリア紹介サイトを運営しているアンドリアン・ミハイロフ氏だった。突然メールを送って質問をぶつけた訳者に対し、懇切丁寧に対応していただいた。また訳者の高校時代からの友人であり、いつも翻訳の際には適切な助言をしてくれる東北大学名誉教授の後藤斉氏も、氏のエスペラント仲間のネットワークを駆使して、訳者の面倒な質問に答えていただいた。両氏に衷心から御礼申し上げたい。

二〇二一年三月三一日

小野　潮

主要人物索引

著者紹介

ツヴェタン・トドロフ（Tzvetan Todorov）
1939年ブルガリア、ソフィア生まれ、2017年パリで死去。当初構造主義的文学理論家として出発したが、1980年代から他者、全体主義体制における人間の精神生活、善悪二元論といった問題に関心を寄せるようになり、作家論、美術論、現代社会論といった幅広い領域で活発な執筆活動をおこなった。近年の代表的な著作として、『悪の記憶・善の誘惑』（2000）〔大谷尚文訳〕、『ゴヤ――啓蒙の光の影で』（2011）〔小野潮訳／以上、法政大学出版局〕、『民主主義の内なる敵』（2012）〔大谷訳／みすず書房〕、『屈服しない人々』（2018）〔小野訳〕、『野蛮への恐怖、文明への怨念』（2020）〔大谷・小野訳／以上、新評論〕他がある。

訳者紹介

小野潮（おの・うしお）
1955年生まれ。中央大学文学部教授。19世紀フランス文学専攻。著書に『知っておきたいフランス文学』〔明治書院〕、『対訳　フランス語で読む「赤と黒」』〔白水社〕他、訳書にT・トドロフ『越境者の思想』『文学が脅かされている』〔以上、法政大学出版局〕、T・トドロフ『屈服しない人々』『野蛮への恐怖、文明への怨念』（共訳）、M・フェロー『戦争を指導した七人の男たち』、J・ドリュモー『千年の幸福』（共訳）〔以上、新評論〕他がある。

善のはかなさ
――ブルガリアにおけるユダヤ人救出

（検印廃止）

2021年7月15日　初版第1刷発行

訳者　小野　潮
発行者　武市一幸
発行所　株式会社　新評論

〒169-0051 東京都新宿区西早稲田3-16-28
http://www.shinhyoron.co.jp
TEL 03（3202）7391
FAX 03（3202）5832
振替 00160-1-113487

定価はカバーに表示してあります
落丁・乱丁本はお取り替えします

装幀　山田英春
印刷　フォレスト
製本　松岳社

©Ushio Ono

ISBN978-4-7948-1180-6
Printed in Japan

JCOPY ＜（社）出版者著作権管理機構 委託出版物＞
本書の無断複写は著作権法上での例外を除き禁じられています。複写される場合は、そのつど事前に、（社）出版者著作権管理機構（電話 03-5244-5088、FAX 03-5244-5089、e-mail: info@jcopy.or.jp）の許諾を得てください。

「もう一歩先へ！」新評論の話題の書

T. トドロフ／大谷尚文・小野潮訳 **野蛮への恐怖、文明への怨念** ISBN978-4-7948-1154-7	A5　328頁 3850円 〔20〕	【「文明の衝突」論を超えて「文化の出会い」を考える】あらゆる暴力の源泉にある「人間的なもの」。他者性排斥と善悪二元論に打ち克つための，万人に求められる思考実践，共存の形式。
T. トドロフ／小野潮訳 **屈服しない人々** ISBN 978-4-7948-1103-5	四六　324頁 2970円 〔18〕	「知られざる屈服しない人々に捧げる」。エティ・ヒレスム，ティヨン，パステルナーク，ソルジェニーツィン，マンデラ，マルコムX，シュルマン，スノーデン。８人の“憎しみなき抵抗”の軌跡。
M. クレポン／白石嘉治編訳 付論　桑田禮彰・出口雅敏・クレポン **文明の衝突という欺瞞** ISBN4-7948-0621-3	四六　228頁 2090円 〔04〕	【暴力の連鎖を断ち切る永久平和論への回路】ハンチントンの「文明の衝突」論が前提する文化本質主義の陥穽を鮮やかに剔出。〈恐怖と敵意の政治学〉に抗う理論を構築する。
桑田禮彰 **議論と翻訳** ISBN978-4-7948-1110-3	四六　560頁 5280円 〔19〕	【明治維新期における知的環境の構築】「今問題なのは，個々の議論の質を低下させ，議論を改善しようとする各人の努力を徒労感に変える議論環境の歪みである」。現在を逆照射！
J. ブリクモン／N. チョムスキー緒言／菊地昌実訳 **人道的帝国主義** ISBN 978-4-7948-0871-4	四六　310頁 3520円 〔11〕	【民主国家アメリカの偽善と反戦平和運動の実像】人権擁護，保護する責任，テロとの戦い…戦争正当化イデオロギーは誰によってどのように生産されてきたか。欺瞞の根源に迫る。
G. ケペル＋A. ジャルダン／義江真木子訳 **グローバル・ジハードのパラダイム** ISBN 978-4-7948-1073-1	四六　440頁 3960円 〔17〕	【パリを襲ったテロの起源】ウェブ時代のテロはいかに生成されるか。イスラム主義研究の第一人者が，現代のジハード主義を生み出した個人史・イデオロギー・暴力の接点に迫る。
O. ロワ／辻由美訳 **ジハードと死** ISBN978-4-7948-1124-0	四六　224頁 1980円 〔19〕	「イスラーム国」が崩壊しても問題は解決しない――。テロリストの膨大なプロファイルを非宗教的観点から読み解き，周縁化された若者たちを「死にがい」に誘う幻想の正体を暴く。
中野憲志編 **終わりなき戦争に抗う** ISBN 978-4-7948-0961-2	四六　292頁 2970円 〔14〕	【中東・イスラーム世界の平和を考える10章】「積極的平和主義」は中東・イスラーム世界の平和を実現しない。対テロ戦争・人道的介入を超える21世紀のムーブメントを模索する。
M. ヴィヴィオルカ／田川光照訳 **暴力** ISBN 978-4-7948-0729-8	A5　382頁 4180円 〔07〕	「暴力は、どの場合でも主体の否定なのである。」旧来分析を乗り超える現代「暴力論」の決定版！非行，犯罪，ハラスメントからメディア，暴動，大量殺戮，戦争，テロリズムまで。
M. フェロー／片桐祐・佐野栄一訳 **植民地化の歴史** ISBN978-4-7948-1054-0	A5　640頁 7150円 〔17〕	【征服から独立まで／一三～二〇世紀】数百年におよぶ「近代の裏面史」を一望する巨大な絵巻物。今日世界を覆うグローバルな収奪構造との連続性を読み解く歴史記述の方法。
B. ラトゥール／川村久美子訳・解題 **地球に降り立つ** ISBN978-4-7948-1132-5	四六　240頁 2420円 〔19〕	【新気候体制を生き抜くための政治】空気，海洋，氷河，気象，土壌，生命…地球上のあらゆる抗議者が声を上げている。人間－自然，グローバル－ローカル，右派－左派…近代的二分法を問い直す。
B. ラトゥール／川村久美子訳・解題 **虚構の「近代」** ISBN978-4-7948-0759-5	A5　328頁 3520円 〔08〕	【科学人類学は警告する】解決不能な問題を増殖させた近代人の自己認識の虚構性とは。自然科学と人文・社会科学をつなぐ現代最高の座標軸。世界27ヶ国が続々と翻訳出版。好評７刷
C. ディオン／丸山亮・竹上沙希子訳 **未来を創造する物語** ISBN978-4-7948-1145-5	四六　200頁 1980円 〔20〕	【現代のレジスタンス実践ガイド】コロナ後の世界の風景。人々を世界的な環境行動へと導いた映画『TOMORROW』の監督が，「生」と「共」のためのもう一つの行動を呼びかける。

価格は消費税込みの表示です。